纪念抗美援朝战争胜利 70 周年

陕西历史博物馆藏
抗美援朝时期
文物精品图录

섬서역사박물관 소장
항미원조 시기
문물 정품 도록

Collection of Shaanxi History Museum
The period the War to Resist US Aggression and Aid Korea
of Fine Cultural Relics

陕西历史博物馆

编

陕西师范大学出版总社　西安

图书代号：SK24N0572

图书在版编目（CIP）数据

胜利的鼓舞者：陕西历史博物馆藏抗美援朝时期文
物精品图录 / 侯宁彬主编；王晶晶编著 . — 西安：陕西师范大
学出版总社有限公司，2024.5
　　ISBN 978-7-5695-4307-0

　　Ⅰ . ①胜…　Ⅱ . ①侯…　②王…　Ⅲ . ①抗美援朝战争—
革命文物—图集　Ⅳ . ① K871.72

中国国家版本馆 CIP 数据核字（2024）第 057260 号

胜利的鼓舞者

陕西历史博物馆藏抗美援朝时期文物精品图录

SHENGLI DE GUWUZHE
SHAANXI LISHI BOWUGUAN CANG KANGMEIYUANCHAO SHIQI WENWU JINGPIN TULU

侯宁彬　主编

王晶晶　编著

出 版 人　刘东风
出版统筹　侯海英　曹联养
责任编辑　付玉肖
责任校对　张爱林
装帧设计　雅昌设计中心·北京
出版发行　陕西师范大学出版总社
　　　　　（西安市长安南路 199 号　邮编 710062）
网　　址　http://www.snupg.com
印　　刷　北京雅昌艺术印刷有限公司
开　　本　889 mm×1194 mm　1/16
印　　张　19
字　　数　220 千
版　　次　2024 年 5 月第 1 版
印　　次　2024 年 5 月第 1 次印刷
书　　号　ISBN 978-7-5695-4307-0
定　　价　358.00 元

图录编委会

主　　任：侯宁彬

副 主 任：庞雅妮　魏成广　朱　铭　步　雁

委　　员：程　俊　许　晨　杨成成　任　刚　马军辉　杨效俊　贺达炘
　　　　　路智勇　任雪莉　卢　轩　王　洪　张　静　赵　慧　王攀东

主　　编：侯宁彬

副 主 编：庞雅妮　任雪莉

编　　著：王晶晶

展览总策划：侯宁彬　刘静媛

学 术 顾 问：张校瑛

项目负责人：任雪莉

策 展 团 队：王晶晶　姜　晨　万　晓　关小宇　吴晓璇

展品集中：贺达炘　谷朝旭　王晶晶　张沛心　燕芳雨　张晓燕　罗天艺
　　　　　万　晓　秦　妍　侯苏洋　姜　晨　乔力尧　冯　茹

展品修复：路志勇　付文斌　张　蜓　邵永梅　白　璐　王　璐　王彦超
　　　　　李昱珩　侯鲜婷　马腾飞　邹浩川　陈　辉　马玉玺　张　骄　马伯羽

布 展 人 员：周光顺　惠月瑶　王　靖　邓蕊婷　刘　芃　刘　嘉　刘　欢

朝鲜文翻译：朱　蕾

英 文 翻 译：曾阿珊

序

1950 年 6 月 25 日，朝鲜内战爆发，美国政府随即进行武装干涉，发动了对朝鲜的全面战争，并不顾中国政府的一再警告，将战火烧到中朝边境，中国的国家安全存在从根本上失去保障的危险。1950 年 10 月，中共中央和毛泽东主席做出"抗美援朝、保家卫国"的战略决策；10 月 19 日，由中华优秀儿女组成的中国人民志愿军，在司令员兼政治委员彭德怀的率领下，开赴朝鲜战场，同朝鲜军民并肩抗击侵略者。经过两年零九个月艰苦卓绝的浴血奋战，1953 年 7 月 27 日，朝鲜军事停战协定签字生效，抗美援朝战争取得了伟大胜利。

习近平总书记在纪念中国人民志愿军抗美援朝出国作战 70 周年大会上指出："伟大的抗美援朝战争，抵御了帝国主义侵略扩张，捍卫了新中国安全，保卫了中国人民和平生活，稳定了朝鲜半岛局势，维护了亚洲和世界和平。抗美援朝战争伟大胜利，将永远铭刻在中华民族的史册上！永远铭刻在人类和平、发展、进步的史册上！"

在抗美援朝战争期间，全国各族人民举国同心，共同参与到这场事关国家和民族前途命运的伟大抗争中，掀起了轰轰烈烈、波澜壮阔的抗美援朝运动。中国人民抗美援朝总会三次组织赴朝慰问团前往朝鲜，慰问志愿军和朝鲜军民。1953 年 4 月 1 日，由西北文艺团体组成的中国人民赴朝慰问文艺工作团第五团，携带大量物资跨过鸭绿江，前往朝鲜西线战场慰问演出。五个月的时间里，第五团走遍了朝鲜西部大战区，行程上万里，极大地鼓舞了志愿军的士气和信心，被广大指战员亲切地称赞为"胜利的鼓舞者"。

陕西历史博物馆收藏的抗美援朝时期的文物，是陕西人民积极投身抗美援朝运动、全力支援抗美援朝战争的缩影。举办此次展览，旨在展现全国各族人民同心同德、万众一心的爱国情怀，彰显中华民族不畏强暴、维护和平的坚定决心，激励广大干部群众克服艰难险阻、战胜一切困难的奋斗勇气。

谨以此书敬献抗美援朝战争胜利 70 周年！

머리말

1950년 6월 25일, 조선에서 내전이 발발하고 미국 트루먼 정부가 즉각 군사적으로 간섭하면서 조선에 대한 전면전을 개시했다. 중국 정부의 수차례 경고를 무시하고 전쟁의 불길이 압록강까지 이르면서 중국의 국가 안보가 근본적으로 잃을 위험에 놓이게 되었다. 1950년 10월 중국공산당 중앙위원회와 모택동 (毛澤東) 주석은 '항미원조, 보가위국' (抗美援朝 , 保家衛國) 의 전략적 결정을 내렸다. 10월 19일 중국 우수한 청년으로 구성된 중국인민지원군은 사령원 겸 정치위원 팽덕회 (彭德懷) 의 인솔하에 조선 전장으로 출동했고 조선의 군민과 함께 침략자에 맞서 반격했다. 2년 9개월 간의 아주 힘들었던 혈전을 거쳐 1953년 7월 27일, 조선군사정전협정에 서명했고 그 효력이 발생하면서 항미원조전쟁에서 위대한 승리를 거두었다.

습근평 (習近平) 총서기가 '중국인민지원군 항미원조 출국 작전 70주년 기념 대회' 에서 "위대한 항미원조전쟁은 제국주의의 침략과 확장을 막아내고 신중국 (新中國) 의 안전을 수호하였으며, 중국 인민의 평화적 삶을 보위하고 조선반도의 정세를 안정시켰으며 아시아와 세계의 평화를 수호했다. 항미원조전쟁의 위대한 승리는 영원히 중화민족의 역사에 새겨질 것이다 ! 인류의 평화, 발전, 진보의 역사에 영원히 새긴다." 라고 밝혔다.

항미원조전쟁 기간에 전국의 각 민족 인민들은 한마음으로 국가와 민족의 앞날과 운명에 영향을 미치는 이 위대한 항쟁에 동참하여 기세등등하고 파란만장한 항미원조운동을 일으켰다. 중국인민항미원조총회 (中國人民抗美援朝總會) 는 세 차례에 걸쳐 부조위문단 (赴朝慰問團) 을 조직하여 조선으로 가 지원군과 조선 군민을 위문했다. 1953년 4월 1일, 서북문예단체로 구성된 제3기 중국인민부조위문단 (中國人民赴朝慰問團) 제5단은 대량의 물자를 싣고 압록강을 건너 조선 반도 서부 전선에 가서 위문공연을 했다. 5개월 동안 제5단은 조선 반도 서부의 큰 전역을 순회했는데 그 여정이 만 리나 되었고, 지원군의 사기와 자신감을 크게 고무시키면서 여러 장병들로부터 친근감 있게 '승리의 고취자' 로 칭송되었다.

섬서역사박물관 (陝西歷史博物館) 이 소장하고 있는 항미원조 시기의 문물은 섬서 사람들이 항미원조운동에 적극 동참하여 항미원조전쟁을 전폭적으로 지원했던 모습의 축소판이다. 이번 전시회를 개최하는 목적은 전국 각 민족 인민들의 한마음 한뜻의 애국심을 보여주고, 난폭하고 흉악한 세력을 두려워하지 않고 평화를 지키려는 중화민족의 꿋꿋한 결의를 분명하게 드러내는 데에 있다. 이를 통해 많은 간부들과 대중들이 어려움을 극복하고 모든 난관을 이겨내려고 분투하는 용기를 격려하고자 한다.

삼가 이 책을 항미원조전쟁 승리 70주년에 바칩니다.

PRAFACE

On June 25, 1950, the day when the Korean Civil War broke out, The U.S. government immediately carried out armed intervention and launched an all-out war against North Korea. Regardless of repeated warnings from the Chinese government, US army even invaded the territory of China by assembling near the Yalu River, making China's national security fundamentally lost. In October 1950, the Central Committee of the Communist Party of China and Chairman Mao Zedong made a strategic decision of "defending our country by resisting US aggression and aiding Korea, "; On October 19, Chinese People's Volunteer Army, led by commander and political commissar Peng Dehuai, and joined by sons and daughters of China who made up their mind to die for their mother land, went to the Korean battlefield to fight against the invaders side by side with the North Korean soldiers and civilians. After two years and nine months of arduous and dauntless fighting, on July 27, 1953, the Korean War Armistice Agreement was finally signed and came into effect, marking a great victory in the War to Resist US Aggression and Aid Korea.

General Secretary Xi Jinping, at the meeting to commemorate the 70th anniversary of Chinese People's Volunteer Army's going abroad to resist US aggression and Aid Korea, said: "The great war to resist US aggression and aid North Korea resisted imperialist aggression and expansion, ensured the security of New China, safeguarded the peaceful life of the Chinese people, stabilized the situation on the Korean peninsula, and maintained peace in Asia and the world. The great victory of the War to Resist US Aggression and Aid Korea will forever be engraved in the history of China! And it will be engraved forever in the annals of human peace, development and progress!"

During the War to Resist US Aggression and Aid Korea, people of all ethnic groups in China participated whole-heartedly in this great struggle concerning the future and destiny of the country, setting off a vigorous and magnificent movement to resist U.S. aggression and aid North Korea. Chinese People's Association to Resist US Aggression and Aid Korea organized condolence missions to North Korea three times to bring gifts and greetings to Chinese and North Korean soldiers and the local civilians. On April 1, 1953, the fifth troupe of the third Chinese People's Greeting Group to North Korea, composed of literature and art groups from Northwest China, carried a large amount of supplies across the Yalu River and went to the North Korean battlefield on the western front to greet soldiers. In the next five months, the fifth troupe traveled all over the war zone in western North Korea, covering tens of thousands of miles, which greatly boosted the morale and confidence of Chinese soldiers. In return, soldiers of Chinese People's Volunteer Army gave an affectionate title to the fifth troupe as "efficient encouragers".

The cultural relics of the War to Resist US Aggression and Aid Korea, collected by the Shaanxi History Museum, are the epitome of Shaanxi people's active participation, and full support to the War to Resist US Aggression and Aid Korea. The purpose of holding this exhibition is to show the patriotism of the people of all ethnic groups in China, to demonstrate the firm determination of the Chinese nation to defy violence and maintain peace, and to inspire the courage of the cadres and the masses to overcome difficulties and obstacles of any forms.

This book is dedicated to the 70th anniversary of the victory of the War to Resist US Aggression and Aid North Korea

概述

陕西历史博物馆馆藏丰富，除了众所周知的数量众多的古代历史文物，也有着为数不少的近现代文物。其中，既有旧民主主义革命时期太平天国运动、辛亥革命的文物，也有新民主主义革命时期渭华起义、抗日战争、解放战争的文物，另外还有社会主义经济建设初期，如抗美援朝的文物。这些近现代文物不仅数量多、品类丰富，史料价值也极高。

近年来，我们为馆藏抗美援朝文物设立了专项课题，进行了全面深入的整理研究，这也是这批文物入藏我馆后，首次针对其提出的科研项目。在此之前，在全省近现代文物工作中，抗美援朝文物的研究工作一直比较薄弱，如2016年出版的《陕西省志·文物志》、2019年陕西省文物局组织编写的《文物陕西·近现代文物卷》均未将抗美援朝文物纳入其中。2020年10月23日，习近平总书记在纪念中国人民志愿军抗美援朝出国作战70周年大会上发表了重要讲话，讲话激发了学术界的研究热情。课题设立后，我们在全面完善馆藏抗美援朝文物信息的基础上，通过调查、文献研究等方法追根溯源、横向比较。目前，陕西历史博物馆馆藏抗美援朝文物已有了较为清晰、完整的内容体系，相关研究成果显著。

首先，馆藏抗美援朝文物达8000余件（组），在数量上与西北地区其他博物馆同类藏品相比有绝对优势，打破了以往更接近朝鲜战场的东北地区藏品数量相对较多的认知。在种类上，馆藏抗美援朝文物有文件、宣传品、生活用品、战利品、旗帜、衣物等，涵盖了纸、金属、纺织、木等各种不同的材质，品类多样。

其次，馆藏抗美援朝文物均来自西北抗美援朝总分会和西北文化局，主要来自西北地区派出的慰问团，文物来源清晰，信息记录准确，有别于一般社会征集文物单一、非系统性的特点。西北抗美援朝总分会于1950年12月11日在西安成立，是带领西北人民参加抗美援朝运动的重要组织。在中国人民抗美援朝总会组织的三次中国人民赴朝慰问活动中，西北地区均积极派代表参加。特别是1953年4月，西北文化局组织西安市易俗社、西安市香玉剧社、西安西北艺术专科学校、西安市曲艺界、西安长安木偶剧社、新疆少数民族歌舞团等16个单位，抽调150人，组成了中国人民赴朝慰问文艺工作团第五团，在朝鲜慰问演出长达五个月，走遍了朝鲜西部大战区，带回大量的志愿军指战员写给祖国人民的信件、赠送的战利品、亲手制作的用具及朝鲜人民军和朝鲜人民赠送的纪念品与生活用品等，这些珍贵的文物，都成为历史的见证。

另外，馆藏抗美援朝文物以信件、日记、剪贴簿、文书材料等纸质文物为主，尤其以朝鲜文资料居多，具有非常鲜明的特色，其中朝鲜文手写文件的藏量更是居兄弟单位之首。就此，我们与西安外国语大学朝鲜语教研室合作开展横向项目，对这批文件进行翻译整理。文件中有朝鲜部队的战斗史实，有战斗英雄的成长事迹，有朝鲜人民遭受侵略者迫害的记录，还有朝鲜中学生的诗歌，并附有手绘图画、剪贴照片，内容丰富而翔实。这些历史资料有力地证明了中朝两国人民用鲜血凝成的战斗友谊，未来的相关研究还可从志愿军、慰问团及朝鲜人民三重视角出发，使研究方向多元化。

馆藏的 8000 余件（组）抗美援朝文物中有中国人民赴朝慰问文艺工作团第五团带回的志愿军指战员们写给祖国人民的 6845 封信件，信件书写时间在 1953 年 4 月到 8 月之间。在逐一阅读信件的过程中，我们发现一些藏品有着更加详细的来源，背后隐藏着更加生动的故事。有一顶降落伞，它是光荣连队"白老虎连"在 1953 年 3 月 19 日"连续打垮敌人一个加强连的三次反冲锋后缴获的"。有一台照相机，它是某部三连队五七八团侦察排在 1953 年 6 月 2 日从敌后偷袭，"消灭敌人一个加强班，缴获轻重机枪各一挺、'大八粒'六支、卡宾枪一支、照相机两个"后送给慰问团的。有四枚 37mm 高射炮弹壳，它是打落敌机的功臣炮弹。那是高五中队二分队炮二班在 1953 年 4 月 18 日中午 12 点发现敌机向我目标偷袭，战士们找准时机仅发射三枚炮弹就击落包括美军 E-84 战斗机在内的 3 架敌机，而后战士们把炮弹壳送给慰问团，送给祖国人民留作纪念，并随信讲述了物品背后的故事。这些

信件的内容，使实物和历史得到了相互印证，这些信件既是文物又具文献价值，值得更进一步地研究和深度挖掘。

中华民族的史册与人类和平、发展、进步的史册上，始终铭刻着抗美援朝战争伟大胜利的篇章。对陕西历史博物馆这批重要文物的整理与研究，不仅填补了陕西历史博物馆在革命类文物工作上的空白，加强了陕西历史博物馆革命文物的研究工作，同时也填补了陕西省革命类文物宣传中抗美援朝文物的空白，完善了陕西的红色文化资源，对赓续红色革命血脉具有重要意义。

此次整理研究取得的经验，对以后相关文物的整理与研究具有指导性意义。只有扎实地研究文物，才能更好地利用它，从而讲好文物背后的故事。我们以将藏品研究成果转换产出，实现其社会价值的最大化为目的，在研究的基础上，基于馆藏抗美援朝文物的特点，为纪念抗美援朝胜利 70 周年，铭记抗美援朝战争的艰辛历程和伟大胜利，弘扬伟大的抗美援朝精神，于 2023 年 10 月举办"胜利的鼓舞者——陕西历史博物馆藏抗美援朝文物展"。和以往同类题材的展览不同，本次展览以赴朝慰问团的视角展开，生动、鲜活地把抗美援朝战争和抗美援朝运动有机结合起来，展现出正是因为中国人民志愿军与中国人民万众一心、团结一致，才取得了这次以弱胜强的伟大胜利，锻造了跨越时空、历久弥新的伟大抗美援朝精神。

这本图录是展览的缩影，在展出的近千件文物中，我们精心拣选出 200 件珍贵文物，分五个单元，一一呈现给读者，以此缅怀那些在战争中逝去的年轻生命，彰显中国军民热爱生命、渴望世界和平的伟大情怀。

目录

목차

DIRECTORY

中共陕西省委在中共中央西北局的领导下，积极响应党中央的号召，发动全省人民支援抗美援朝战争。社会各界通过时事宣传、爱国教育、和平签名、示威游行等活动，调动起全民的爱国热情。社会各界积极响应订立爱国公约、捐献飞机大炮的号召，开展爱国主义劳动竞赛，捐钱捐物，用实际行动投身抗美援朝运动。

중국공산당 섬서성（陕西省）위원회는 중국공산당 중앙위원회 서북국（西北局）의 영도하에 당 중앙의 호소에 적극 호응하고 섬서 사람들을 동원하여 항미원조전쟁을 지원했다. 사회 각계는 시사 홍보, 애국 교육, 평화 서명 운동, 시위 행진 등의 활동을 통해 국민의 애국 열정을 불러일으켰고, 애국 공약의 체결과 비행기, 대포 등 무기 기증에 대한 호소에 적극 호응했으며, 애국주의 노동경기대회를 전개하고 재물을 기부하면서 실제 행동으로 항미원조운동에 헌신했다.

Under the leadership of the Northwest Bureau of the Central Committee of the Communist Party of China, the Shaanxi Provincial Committee of the Communist Party of China actively responded to the call of the Central Committee of the Communist Party of China and called up the people of the whole province to support the War to Resist US Aggression and Aid North Korea. All sectors of society showed patriotic enthusiasm through activities such as publicity of current affairs, patriotic speeches, peace-signing movements, demonstrations, etc., actively responded to the call for signing patriotic conventions, and dedicated to the movement to resist US aggression and aid North Korea by donating aircraft and cannons, launching patriotic labor competitions, making donations.

第一单元

响应号召

제 1 부

호소에 호응하다

Chapter I

Actively responding to the call

第一节
宣传动员

　　全省各界群众掀起了以"反对侵略、维护和平"为主要内容的拥护世界和平公约宣言签名运动的高潮，同时开展了以"抗美援朝、反对武装日本、保卫世界和平"为主题的示威游行活动，一场声势浩大、规模空前的抗美援朝运动在三秦大地迅速展开。

제 1 절
홍보 동원

　　섬서성의 각계 군중들은 '침략 반대, 평화 유지'를 주요 내용으로 하는 세계평화공약 선언 지지 서명운동을 고조시켰고 '항미원조, 일본 무장 반대, 세계평화 수호'를 주제로 시위 행진 활동을 했다. 이 기세등등하고도 전례 없는 규모의 항미원조운동은 삼진（三秦）의 땅, 섬서에서 빠르게 전개되었다.

Section I
Publicity and Mobilization

　　People from all walks of life in Shaanxi set off a climax of peace-signing movements of calling for World Peace with the theme of "Opposing Aggression and MaintainingPeace". A demonstration with the theme of "Resisting US Aggression and Aid North Korea, Opposing Militarization of Japan, and Defending World Peace" was also launched, leading to a massive and unprecedented movement to resist U.S. aggression and aid North Korea developing rapidly in Shaanxi.

中国人民慰问团西北区分团宣传册

尺寸：纵 19 厘米，横 13 厘米

1951 年 4 月 13 日至 6 月 20 日，参加第一届中国人民赴朝慰问团第一分团（西北分团）的陕西省和西安市代表，在分团团长李敷仁（时任西北抗美援朝总分会副主席、西北人民革命大学校长）的带领下赴朝慰问。1952 年 10 月 21 日至 12 月 8 日，参加第二届中国人民赴朝慰问团第二分团（西北分团）的陕西省和西安市代表，在分团团长辛树帜（时任西北农学院院长）的带领下，到朝鲜前线慰问。1953 年 10 月 16 日至 12 月 21 日，参加第三届中国人民赴朝慰问团第二总分团（西北分团）的 68 名陕西代表，在总分团团长赵寿山（时任陕西省政府主席）的带领下，奔赴朝鲜前线和后方开展了慰问活动。

时任中共中央西北局第二书记、西北军政委员会代主席习仲勋在中国人民慰问团西北区分团的宣传册中题词："伟大的爱国主义与国际主义战士万岁！向英雄地保卫世界和平事业的朝鲜人民战士致敬！"

偉大的愛國主義与國際
主義戰士萬歲！
向英雄地保衛世界和平
事業的朝鮮人民战士敬敬！

《抗美援朝专刊》

尺寸：纵 14.5 厘米，横 10 厘米

《抗美援朝专刊》由中国人民保卫世界和平反对美国侵略委员会（中国人民抗美援朝总会）编，封面由毛泽东主席题字。

1950 年 10 月 26 日，中国人民抗美援朝总会在北京成立，负责领导全国的抗美援朝运动。1950 年 12 月 4 日《人民日报》第五版开辟的《抗美援朝专刊》，成为指导并组织全国各地抗美援朝运动深入发展的重要园地。《抗美援朝专刊》先后出版过旬刊、周刊、半月刊，到 1954 年 9 月共出版了 190 期。这一专刊同时在《光明日报》上刊出。

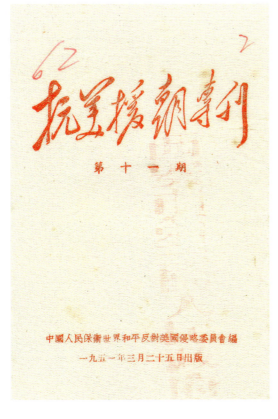

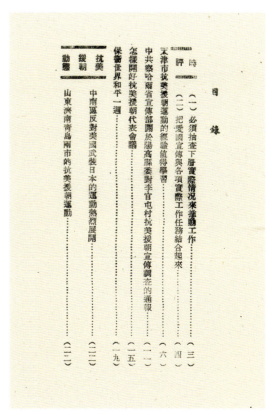

西安市第五区（现新城区）抗美援朝工作计划、报告、总结等文件

尺寸：纵 30.5 厘米，横 22 厘米

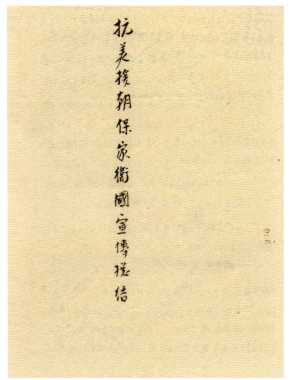

1953 年西北抗美援朝总分会编制的工作册

尺寸：纵 19.5 厘米，横 13 厘米

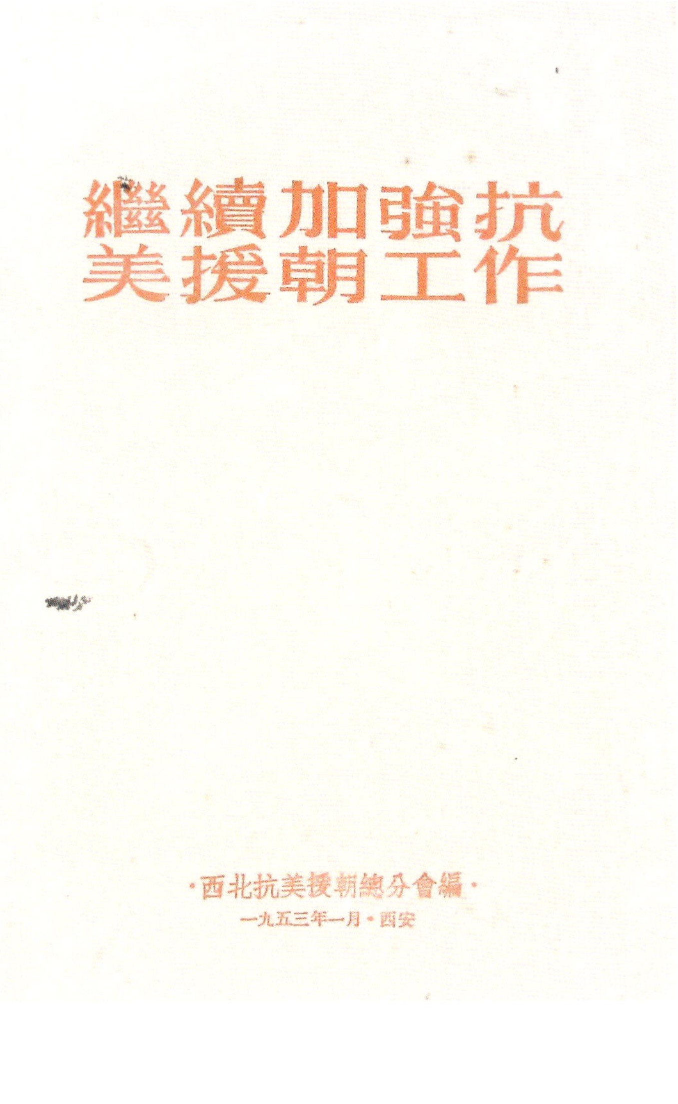

繼續加強抗美援朝工作

·西北抗美援朝總分會編·
一九五三年一月·西安

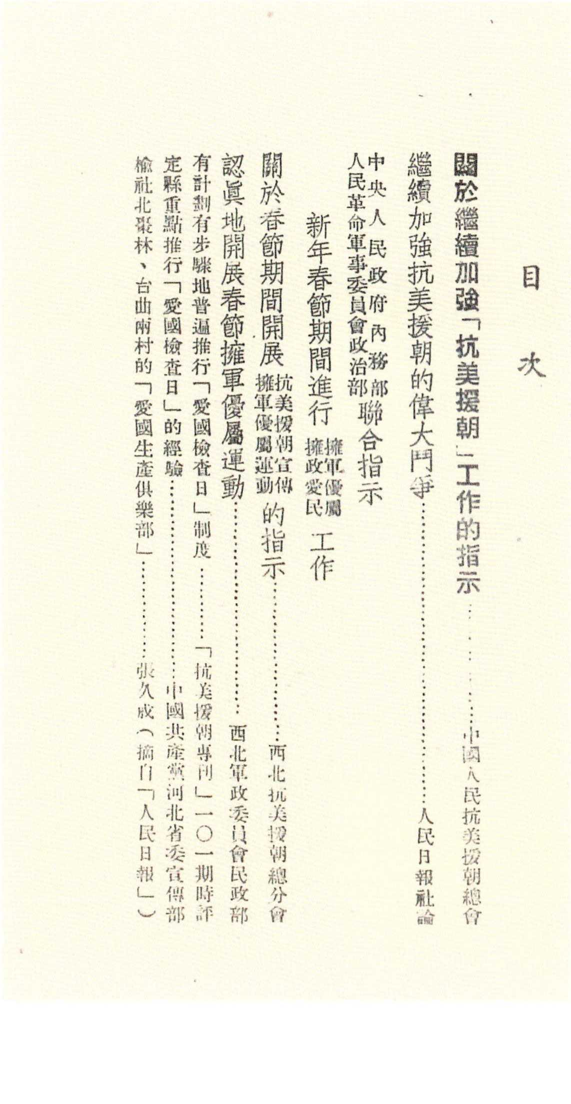

西安市卫生工作者致毛泽东主席、志愿军及金日成暨朝鲜人民军全体指战员的信件

尺寸：1. 纵 28.5 厘米，横 19.5 厘米
2. 纵 27.5 厘米，横 20 厘米
3. 纵 28.5 厘米，横 39 厘米

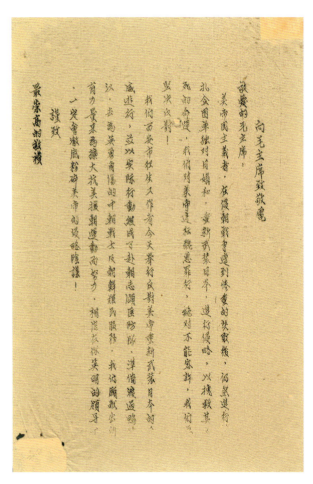

1 致毛泽东主席电

2 致金日成暨朝鲜人民军全体指战员信

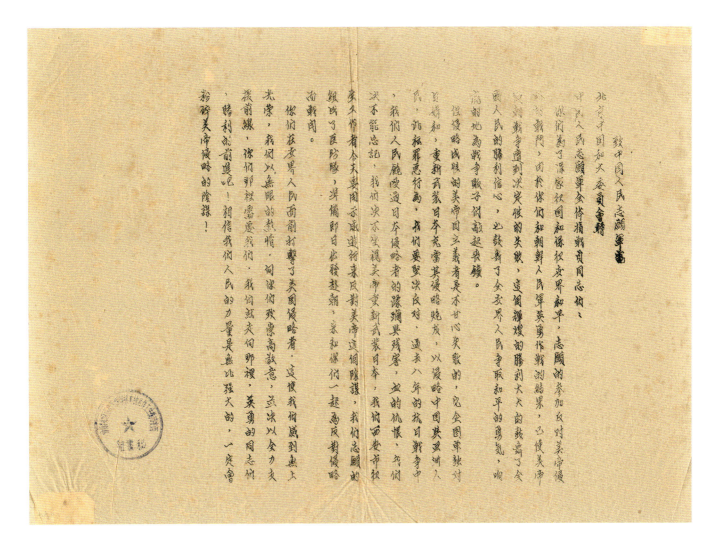

致中国人民志愿军电

北京中国和大委员会转

中国人民志愿军全体指战员同志们：

你们为了保家卫国和保护朝鲜人民军英勇作战的结果，已使美帝
侵略战争遭到决定性的失败，这个强盗的胜利大大的鼓舞了全
国人民的胜利信心，必鼓舞了全世界人民争取和平的勇气，响
应朝鲜为战争贩子们敲起丧钟。

从侵略成性的美帝国立义者是不甘心失败的，它企图卷土重
来谋和、重新武装日本充当其侵略炮灰，以侵略中国与亚洲人
民，此种罪恶行为，我们要坚决反对，过去八年的抗日战争中
，我们人民饱受通日本侵略者的蹂躏与残害，血的仇恨，我们
决不能忘记。我们决不坐视美帝重新武装日本，我们西安市社
会久节有令夫要图示威游行来反对美帝这个阴谋，我们志愿的
组成了医防队，准备即日必跟赴朝，与朝鲜们一起为反对侵略
而战斗。

你们在全界人民面前打击了美国侵略者，这使我们感到无上
光荣，我们以无眼的热情，仰谅你战崇高敬意，益决以全力支
援前线，你们那槟需要我们，我们就夹仰那裡，英勇的同志们
，胜利就前进吧！相信我们人民的力量是无比强大的，一定会
粉碎美帝侵略的阴谋！

3 致志愿军电

王庭杰《抗美援朝决心书》

尺寸：纵 27.5 厘米，横 16 厘米

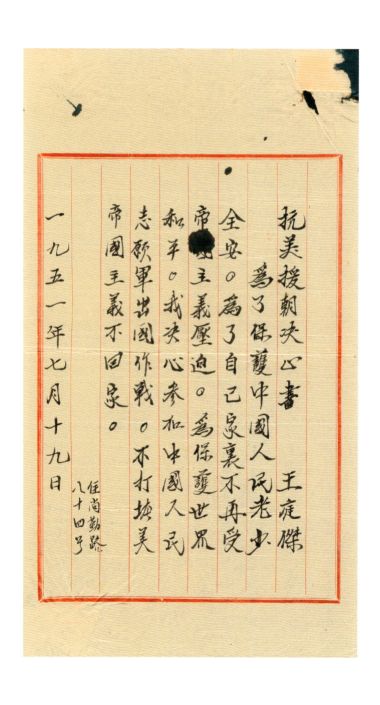

西安市第一人民文化馆拥护
和平签名簿

尺寸：纵 27.5 厘米，横 19 厘米

1950 年 5 月 10 日，中国人民保卫世界和平大会委员会西安分会成立，杨明轩任委员会主席，习仲勋等 67 人为委员，并决定开展禁用原子武器的签名运动。8 月 17 日，陕西省召开第一届各界人民代表会议，决定发动全省人民开展和平签名运动。从 5 月到 8 月，仅有 50 多万人口的西安市共有 42 万人在和平宣言上签名。

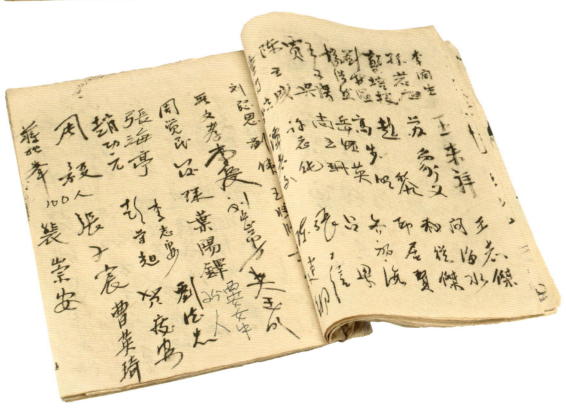

西安市佛教徒保卫和平签名

尺寸：纵 14.5 厘米，横 25 厘米

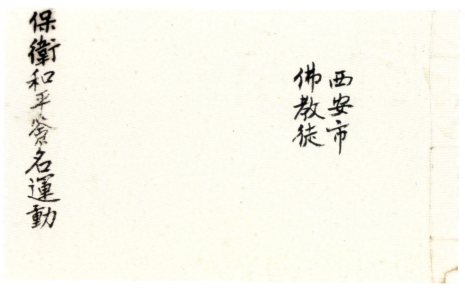

西安佛教徒拥护世界和平理事
会的宣言

尺寸：纵27厘米，横38厘米

签名拥护世界和平理事会的宣言

我们西安佛教徒也是很荣幸的今天参加这个大会因佛教徒也是中华人民共和国人民之主要政制度下的人民当然是热爱自己的祖国但是被赶走的美帝又要勾结远帮他们企图阻挠我们的和平建设侵佔我们的领土台湾侵略我近邻朝鲜他们企图由朝鲜侵略中国侵略远东以至霸佔全世界的妄想我们为了保家卫国必须抗美援朝经我们人民志愿军和朝鲜人民军并肩作战把他们侵朝部队隐和有生力量已竟打垮了他又要重新武装日本他派遣匪特和反动的会道门来内地搞扰暗中作破坏活动我们中国六亿五千萬人民已由毛主席领导着站起来了岂肯容他们这些坏份子为非的乱说乱手胡搅乱闹当然是丝毫不允许的我国有国务院圆长对美帝操纵联合国的荒谬不合理有全世界多数爱好和平国家的人民同情有斯大林以科学判空干涉朝鲜战争并必然失败的信心有政府公布机关和人民量及一致肃清匪特镇压反革命坚决土改发展生产繁荣经济支援前线鞏固国防的一切有利条件打垮美帝国主义的侵暑野心所以我们是爱游和平的人民一定要联合世界上爱好世界的人民及日本国内和平人民坚决反对美帝武装日本和平的阴谋争取全面公正的对日和约一定要协助政府澈底的阴谋争取全面公正的对日和约

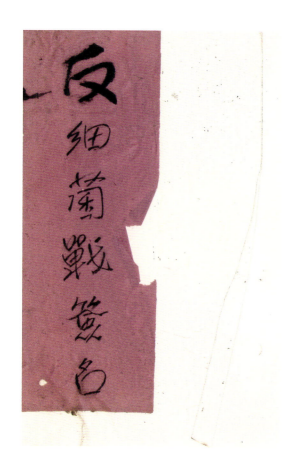

西安总主教区天主教徒反细菌战宣言、签名

尺寸：纵 27 厘米，横 18 厘米

北京总主教顾主教李君武发起：

「中国天主教徒反对美国细菌战宣言

我们在新中国享着自由幸福的天主教徒，本着崇敬袘的良心，对於美国侵略者在朝鲜和中国所进行的违犯国际公约和违反人类道德的细菌战，提出严重的抗议。美国侵略者所进行的细菌战，经过中外人士的调查和科学专家的研究，已经证明是一个千真万确无可否认的事实。只举以下两件事为例：

（一）我最教界代表北京公理会王梓仲牧师曾经亲身如调查工作，到过朝鲜前线和后方以及东北各地，他曾亲耳听到中朝当地农民的控诉，亲眼看到美国飞机撒布的各种带细菌的昆虫和装置这种昆虫的弹壳。

（二）美国空军战俘奎恩和伊纳克两人，由於受到良心的责偹，提出他们本人奉命投掷细菌弹经过的供词，更证奠了美国侵略者对甲朝人民进行的细菌战是有计划有预谋的行动。

美国侵略者自命为「基督徒」，自称为「保卫基督教文明」，然而事实告诉我们，美国侵略朝鲜的残暴罪行，特别是残害中朝两国和平君民的细菌战，是完全违反基督的教义和道德，违反基督的人道主义和博爱精神，亵渎了基督所爱揚的为人民服务的和平福音的。

我们是爱国爱教和爱好和平的中国天主教徒，本着基督的教义，本着救世的良心，我们抗议美国侵略者进行细菌战，为了人类的尊严和正义，为了世界的和平，为了基督的福音，我们向全世界的天主教徒和一切爱好和平正义的人民呼籲，一致团结起来，制止美国侵略者进行细菌战的罪行。」

西安总主教区代理主教张志道

刘谦之　李景渔
张馨屏　刘戴道
胡芳济　刘芳亭
任楚如　高慧仙

"抗美援朝春节示威游行大会"
简报及游行路线图

尺寸：1. 纵 27 厘米，横 19 厘米
　　　2. 纵 27.3 厘米，横 37 厘米

1951 年 2 月 25 日，西安市文艺界在革命公园广场举行了 4000 余人的"抗美援朝春节示威游行大会"，西安香玉剧社、西安易俗社等 23 个专业剧社和 4 个业余文艺工作团体参加。

1 示威游行大会简报

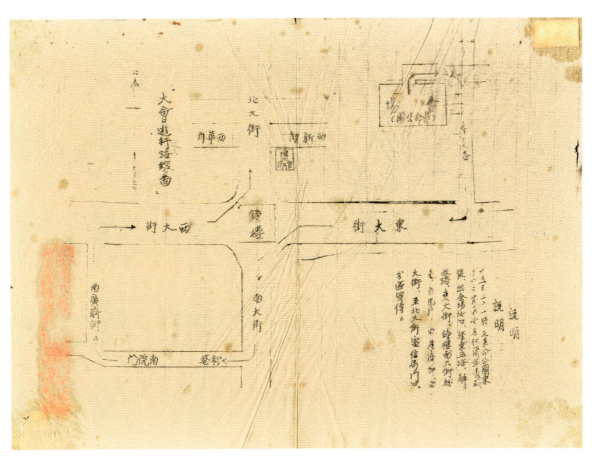

2 游行线路图

抗美援朝示威游行队伍中的
宣传车（照片）

尺寸：纵 22.7 厘米，横 17.1 厘米

西安市文艺界爱国公约

尺寸：1、2、3.纵 26 厘米，横 37 厘米
　　　4.纵 28 厘米，横 20 厘米

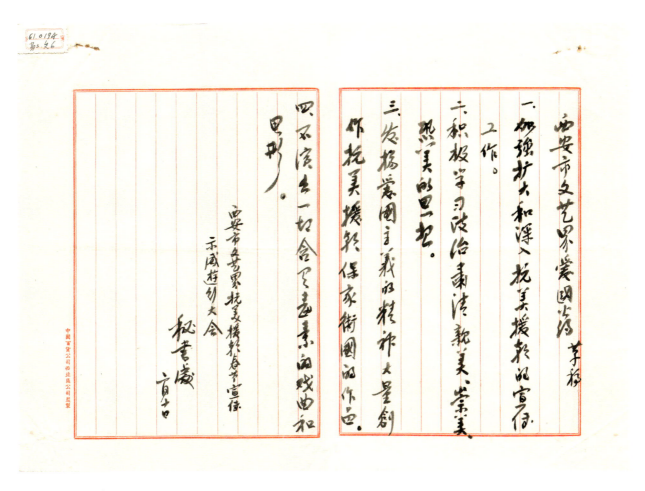

1 西安市文艺界爱国公约

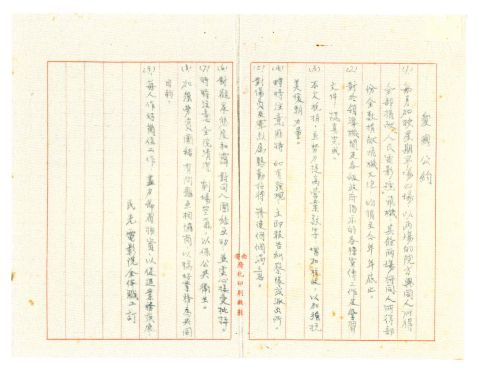

2 民光电影院爱国公约

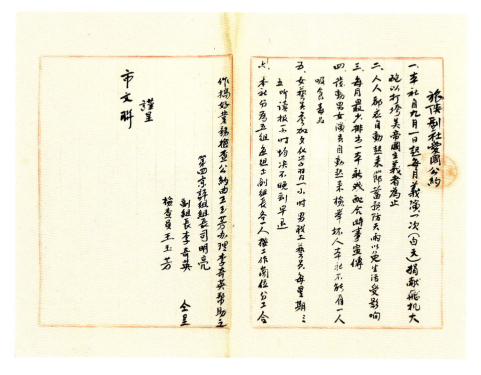

3 旅陕剧社爱国公约

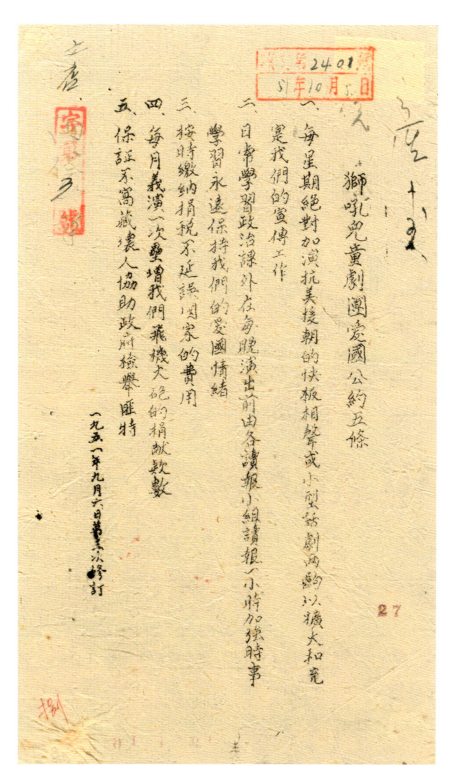

狮吼兒童劇團愛國公約五條

一、每星期絕對加演抗美援朝的快板相聲等或小型話劇兩齣以擴大和宣傳
是我們的宣傳工作

二、日常學習政治課外在每次脫演出之前由圣讀報小組讀報一小時加強時事
學習永遠保持我們的愛國情緒

三、按時繳納捐稅不延誤國家的費用

四、每月義演一次並增加我們飛機大砲的捐献欸數

五、保証不窩藏壞人協助政府檢舉匪特

一九五一年九月六日蕭秀冰修訂

27

4 狮吼儿童剧团爱国公约

西安市工人阶级爱国公约

尺寸：1. 纵 36.6 厘米，横 26 厘米
　　　2. 纵 21.2 厘米，横 16.5 厘米

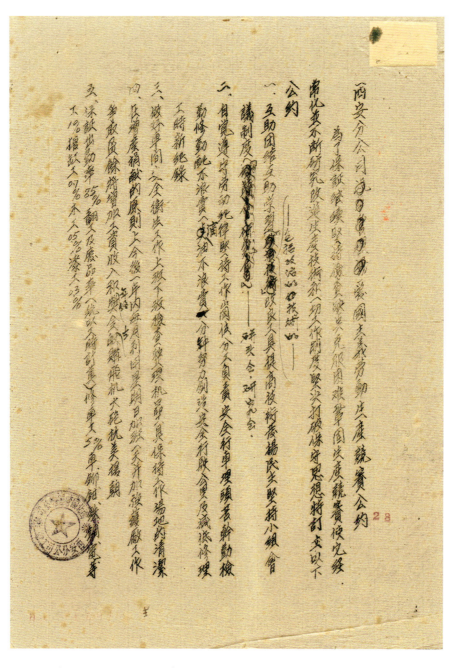

1 西北国营运输公司西安分公司爱国主义劳动生产竞赛公约

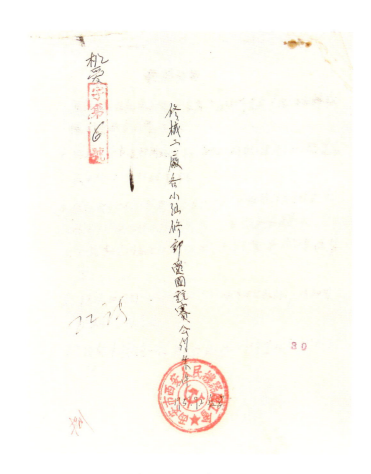

愛國公約

1. 保証備件材料要準确，发生产计划按问完成不浪人工材料並保証質量达到客以上

2. 精拉工序扰还按期整会毕，争取人修都工程用分三一瞄置挑挑火炮直划打垮美寺为止

3. 保証道手工廠事到底，火厂直料早足，体組统计勾月拖查一次合作，做头保安工作不乱扰乱涌，做证要質肯任。

4. 加強本組同志政任誌樹 進出談报小組，不欢作业教学習

5. 保証切遇用一次小組会 实行勤评两自我批评 作的团结互助不闹意見

6. 保証期拾查一次 月底錢结一次 公作誓国公約的宾行

木工部

愛國公約

1. 供无錢工珢伴祓要达到百分三九十一 以上 鐵建供紅摧泉釘到划完成 多取超額完任务

2. 响应机关提期戎令会号昼 争用捐献工貪百分一期将国赴机火砲细光

3. 保証全組指時参加小組会 及文化 时束的13 学習 進出演报活动 每国三坎 (景影代四分)

4. 做公園站方堂 保証作裝生意外 経常 吸收四纽的意見 拍同搞好態度

5. 自此用拾查一次 月底錢结一次 愛国公約 执行 情沧拟行

铸工部 十三組

2 西安人民机器厂修械二厂各小组修部爱国竞赛公约

第二节

爱国捐献

在中国人民抗美援朝总会的号召下，陕西各界大到单位、社团，小到个体、居民，踊跃捐款捐物，希望通过自己的力量为生产出更多的飞机、大炮和战备物资做出贡献。

제 2 절

애국적 헌납

전국항미원조총회 (中國抗美援朝總會) 의 호소에 따라 섬서성 각 분야의 기관 , 사회단체 , 개인 , 주민들까지 모두 적극적으로 재물을 기부하여 더 많은 비행기 , 대포 등 전략 물자를 생산하는데 자신들의 힘으로 이바지하기를 바랐다 .

Section II

Donations by Patriots

At the call of Chinese People's Association to Resist U.S. Aggression and Aid North Korea, various sectors of Shaanxi, from units and organizations to individuals and residents, actively donated their best, hoping to contribute to the production of more aircraft, artillery, and war supplies.

中国人民银行西安分行代收慰问中国人民志愿军捐款收据

尺寸：纵 11 厘米，横 22 厘米

中国人民银行西安分行解放路办事处、东新街分理处、北大街办事处、碑林区办事处代收西安居民慰问中国人民志愿军捐款收据共 19 张。收据中除 3 张为单位和无名群众捐款外，其余均为居民个人捐款。

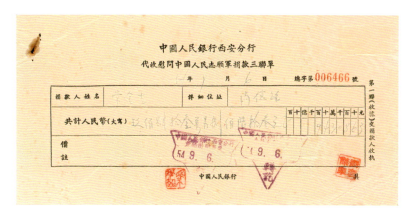

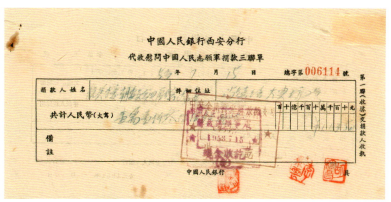

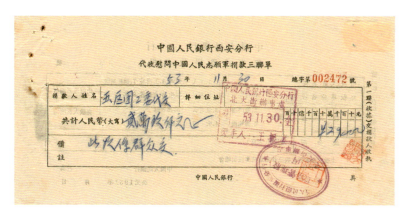

中国人民银行西安分行解放路办事处收西安市第四区（现新城区）区委、第四区第四分局第八派出所、第四区第一派出所第一代表、第四区第一派出所第二代表等抗美援朝捐款收据。

中国人民银行西安分行解放路办事处代收抗美援朝捐款收据

尺寸：纵 25 厘米，横 9.5 厘米

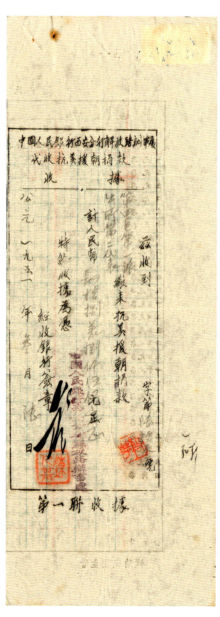

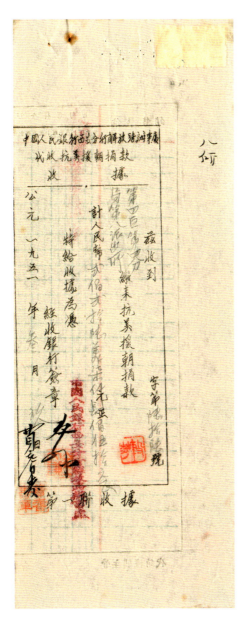

中国人民银行西安分行北关办事处代收公安八
分局五派出所一代区、第五代表区全体居民、公安八
分局五派出所六代区等捐献的飞机大炮代金收据。

中国人民银行西安各界捐献飞机大炮代金收据

尺寸：纵 19.8 厘米，横 8.3 厘米

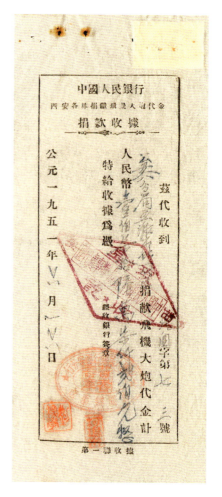

中国人民银行西安分行代收武器捐款收据

尺寸：纵 11 厘米，横 22 厘米

中国人民银行西安分行代收第八区（现未央区）政府及群众武器捐款收据。

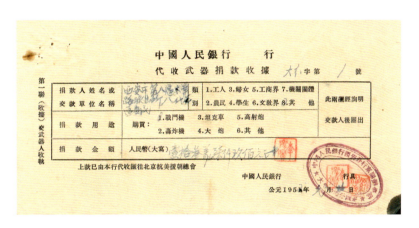

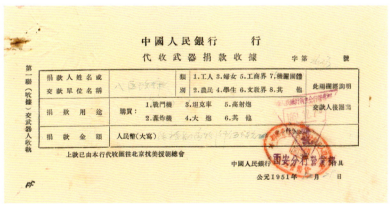

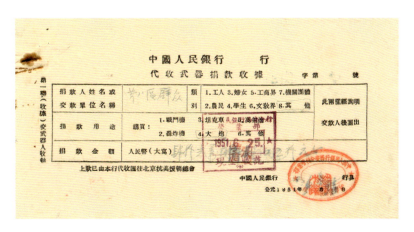

中国人民银行西安分行收兑八区政府和个人所捐的黄金、银元水单。

中国人民银行西安分行收兑黄金、银元水单

尺寸：纵 9 厘米，横 20 厘米

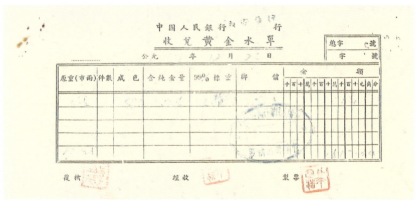

中国人民救济总会、中国红十字会总会西安市分会抗美援朝会收八仙宫救护飞机捐款收据

尺寸：纵约 28 厘米，横约 11.7 厘米

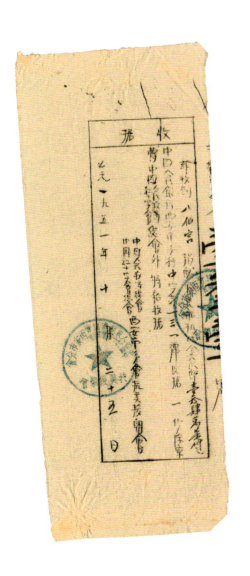
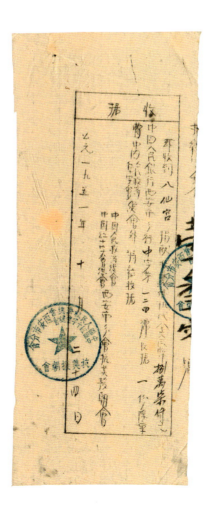
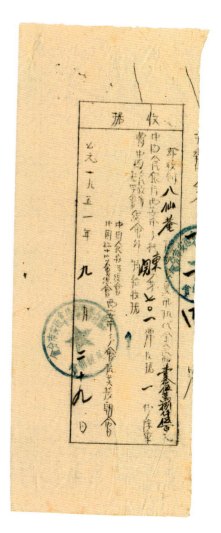

西安市第八区居民李芳圃于 1951 年—1952 年共捐款 18 次，总捐款额达 60 余万元（旧币）。存收据18 张。

李芳圃于民国时曾任西安北关孔教教堂（1943年成立）执事。

李芳圃捐款 18 次之收据

尺寸：大小不等

杨明轩捐款收据

尺寸：长 19.8 厘米，宽 8.3 厘米

中国人民银行西安分行代收时任西北抗美援朝西北区总分会筹委会主席杨明轩抗美援朝捐款 800 万元（旧币）。新华书店陕西省分店收到杨明轩为人民志愿军、西北剿匪部队捐募的 200 万元（旧币）。

购买飞机大炮捐款登记簿

尺寸：纵 27 厘米，横 19 厘米

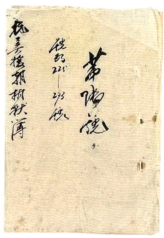

西安市第八区（现未央区）捐献分户清册

尺寸：纵21厘米，横27.5厘米

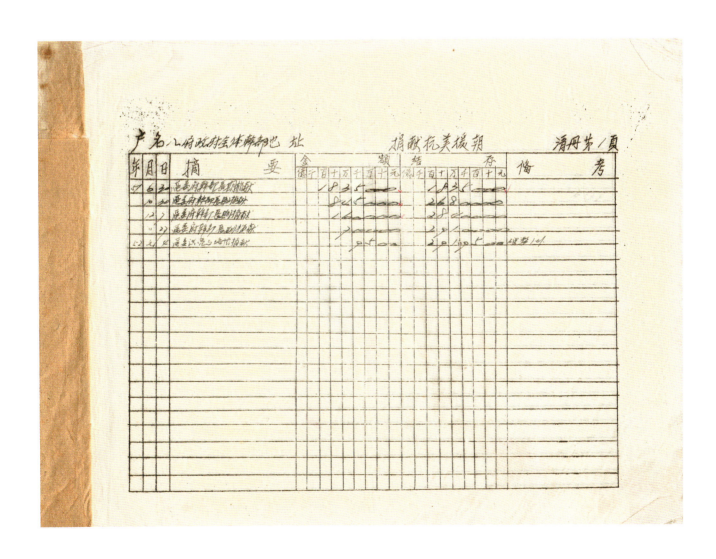

　　为迎接"七一"，做好抗美援朝运动，西安文艺界通过捐献演出收入、举办义卖晚会等方式积极响应全国文艺界捐献飞机大炮的号召，支援朝鲜前线。

西安市文艺界迎接"七一"，捐献飞机大炮的公告

尺寸：1. 纵 26.4 厘米，横 19 厘米
　　　2. 纵 27 厘米，横 21 厘米
　　　3. 纵 27 厘米，横 30.5 厘米
　　　4、5、6. 纵 28 厘米，横 19 厘米
　　　7、8. 纵 28 厘米，横 19.5 厘米
　　　9. 纵 28 厘米，横 39 厘米

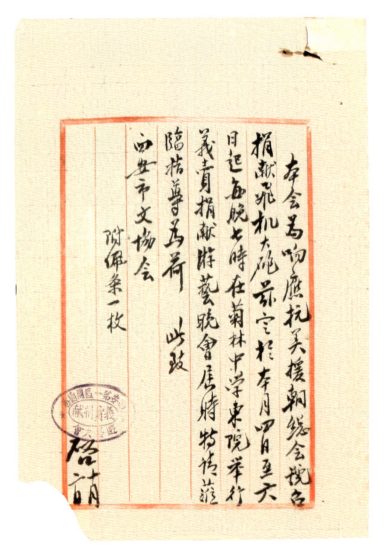

1 西安第一区（现碑林区）开通巷居民义卖捐献游艺晚会报告

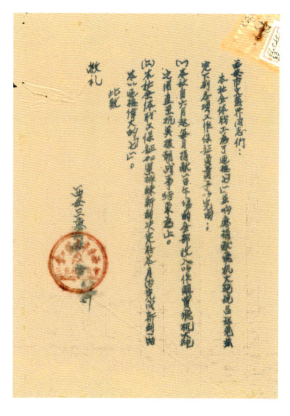

2 西安三意社捐献挑战书

3 西安尚友社捐献挑战书

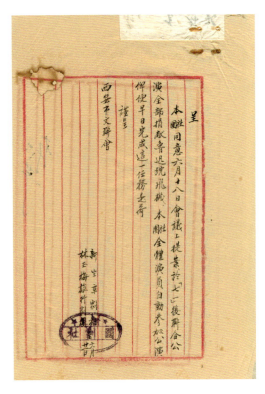

4 新生京剧社、林玉梅旅行剧团捐款报告

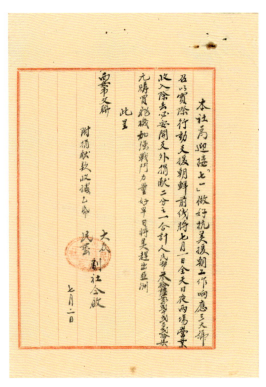

5 大众剧社、民艺剧社捐款报告

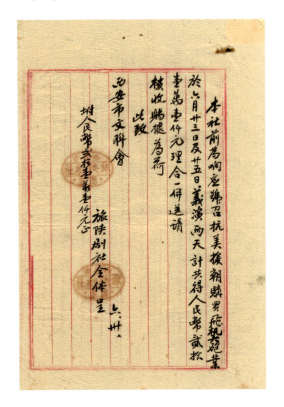

6 旅陕剧社捐款报告

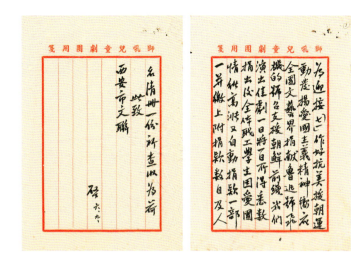

7 狮吼儿童剧团捐款报告

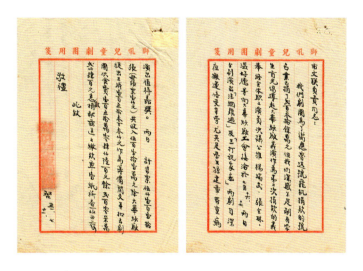

8 狮吼儿童剧团捐款报告

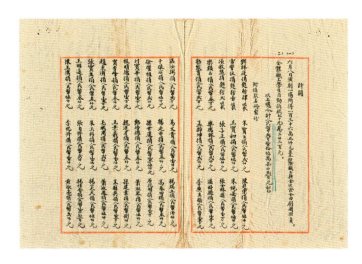

9 狮吼儿童剧团捐款名册

中国药学会西安分会捐款挑战书

尺寸：纵26.5厘米，横37厘米

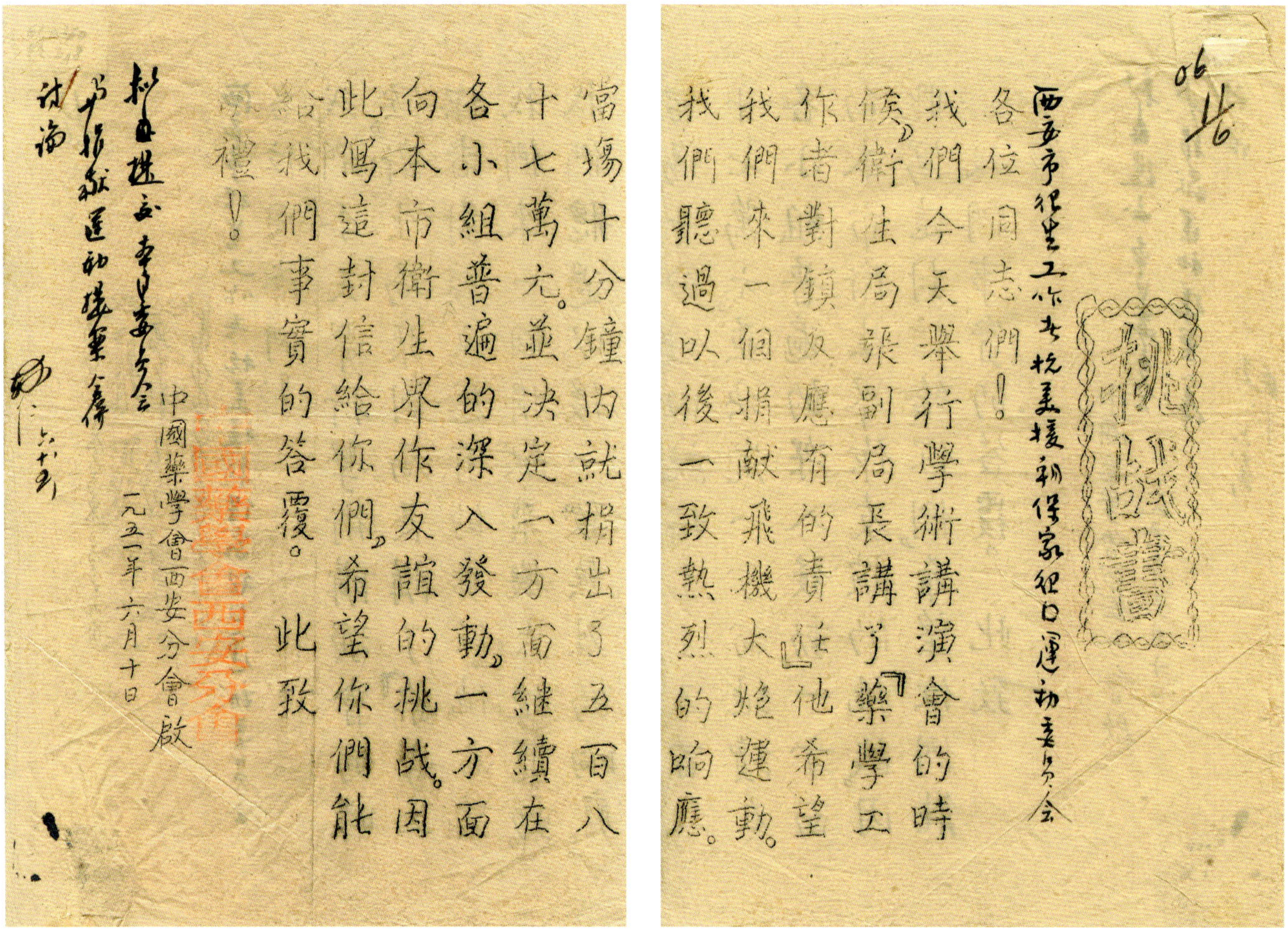

西安市衞生工作者抗美援朝保家衞國口運動委員會

各位同志們！

我們今天舉行學術講演會的時候，衞生局張副局長講了「藥學工作者對鎮反應有的責任」他希望我們來一個捐獻飛機大炮運動。我們聽過以後一致熱烈的响應。

當場十分鐘內就捐出了五百八十七萬元。並決定一方面繼續在各小組普遍的深入發動，一方面向本市衞生界作友誼的挑戰。因此寫這封信給你們，希望你們能給我們事實的答覆。此致

敬禮！

中國藥學會西安分會啟

一九五一年六月十日

西安同兴皮革轮带厂写给
志愿军的捐款信

尺寸：纵 27.5 厘米，横 18.6 厘米

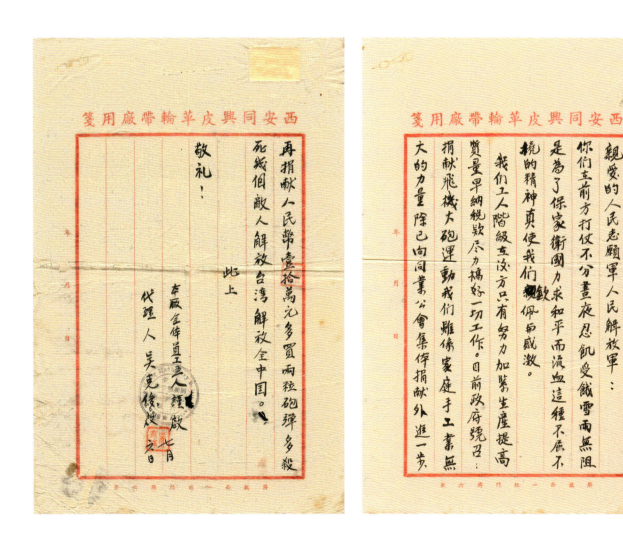

王云瑞致西安市第四区
人民政府的捐款信

尺寸：纵 27.5 厘米，横 19.5 厘米

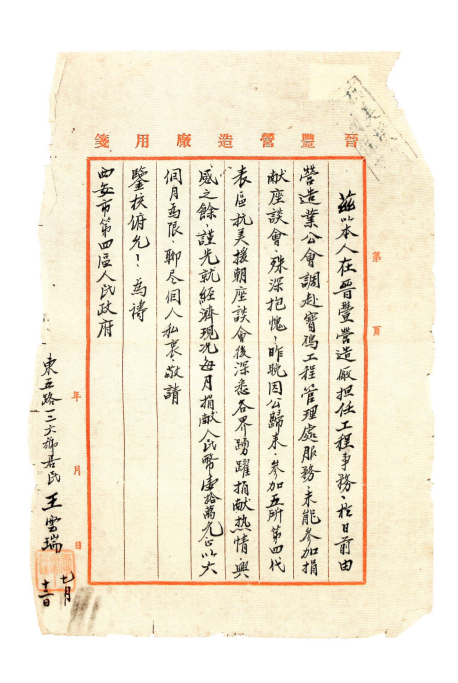

阎良乡、张八乡群众为抗美援朝储售棉花的照片

尺寸：1. 纵 10.8 厘米，横 14.8 厘米
    2. 纵 14.9 厘米，横 21.2 厘米

在农村，陕西省委提出开展快缴粮、缴完粮和卖棉存棉运动，把群众的爱国热情引向长期增产与生产的竞赛中去。棉农们掀起了爱国售棉活动，关中棉农在 1951 年的 7—8 月间完成了购棉、储棉预期任务后，在 10 月份还向国家卖存棉 17 多万担，超额完成了国家的收购计划。

1

2

为转达祖国人民对前线志愿军的关怀和敬意，中国人民抗美援朝总会三次组织赴朝慰问团，陕西积极派代表参加。1953 年 4 月，西北文化局从西北16 家单位抽调 150 人，组成中国人民赴朝慰问文艺工作团第五团，赴朝鲜进行了为期 5 个月的慰问演出，他们冒着炮火来到前沿阵地的地堡坑道，用一场场精彩的演出为志愿军战士们带去了温暖与欢笑。

第二单元

千里慰问

제 2 부

천리 길 위문

전방의 지원군에 대한 중국 국민들의 관심과 경의를 전하기 위해 중국 인민항미원조총회에서 부조위문단을 3 차례 조직했는데, 섬서성은 세 차례 모두 적극적으로 대표를 파견해 참가하도록 했다. 1953 년 4 월에 서북문화국 (西北文化局) 은 서북 지역의 16 개 기관에서 150 명을 차출해 중국인민부조선위문문공단 (中國人民赴朝慰問文工團) 제 5 단을 구성하고 조선에 가서 5 개월 간의 위문공연을 펼쳤다. 그들은 포화를 무릅쓰고 최전방 진지의 벙커와 참호에 가서 멋진 공연으로 지원군 병사들에게 따뜻함과 웃음을 가져다주었다.

Chapter II

Greetings and Supplies from Thousands of Miles Away

To convey the care and respect paid to the Chinese volunteer soldiers combating at the frontline, Chinese People's Association to Resist U.S. Aggression and Aid North Korea had organized consolation missions three times, and each was actively joined by delegates from Shaanxi. In April, 1953, China's Northwest Culture Bureau drafted 150 artists from sixteen literature and art units to form the fifth troupe of the third Chinese People's Greeting Group to North Korea. The artists stayed and performed in North Korea for five months. Braving bulletins and shellfire, they performed at trenches and in forts, bringing warmth and laughter to the Chinese volunteer soldiers with their wonderful performances.

第一节
亲人的问候

　　第五团有易俗社的秦腔队、以常香玉为首的豫剧队、边疆少数民族的歌舞队，他们给战士们带去了大量的物资，包括群众亲手制作的生活用品。前线的战壕里，后方医院的病床前⋯⋯他们的足迹遍布整个西部大战区。

제 1 절
가족들의 안부 인사

　　제 5 단에는 역속사 (易俗社) 의 진강 (秦腔) 공연팀이 있고 상향옥 (常香玉) 을 대표로 하는 예극 (豫劇) 공연팀 , 그리고 변방 소수민족의 가무팀이 있었다 . 그들은 병사들에게 대량의 물자 및 도시와 농촌의 일반 민중들이 손수 만든 생활 용품을 가져다주었다 . 전방의 참호에서 후방 병원의 병상 앞까지 그들의 발자취를 서부 전역 곳곳에서 볼 수 있다 .

Section I
Greetings from Family

　　The fifth troupe included artists from a Qin Opera team of Yisushe, a Henan Opera team headed by artist Chang Xiangyu, and a singing and dancing team of border ethnic minorities. They brought large number of supplies and daily necessities hand made by the ordinary Chinese people from rural and urban areas. From the trenches at the frontline to the ward in the hospital at the rear, their footprints covered the entire war zone in western North Korea.

中国人民赴朝慰问文艺工作团第五团团旗

尺寸：纵 121 厘米，横 188 厘米

中国人民赴朝慰问文艺工作团第五团赴朝时间为1953.04.01—1953.08.24。团长为钟纪明，时任西安西北艺术专科学校校长；副团长为常香玉、杨公愚、李效白、巴吐尔等。慰问团在朝鲜共演出 651 场，观众达 36.65 万人次。

第一届中国人民赴朝慰问团赴朝时间为1951.04.13—1951.06.20。西北分团团长为李敷仁，时任西北抗美援朝总分会副主席、西北人民革命大学校长。在朝期间，代表们深入坑道、哨所，向志愿军和朝鲜军民分发慰问品，举行小型演出，看望伤病员，转达了陕西人民的问候和支援前线的决心。

第一届中国人民赴朝慰问团第一分团（西北分团）团旗

尺寸：纵 112 厘米，横 160 厘米

第二届中国人民赴朝慰问团
第二分团（西北分团）团旗

尺寸：纵 145 厘米，横 190 厘米

第二届中国人民赴朝慰问团赴朝时间为 1952.10.21—1952.12.08。西北分团团长为辛树帜，时任西北农学院院长。代表们向志愿军汇报了祖国三年来取得的伟大成就，转达了陕西人民对志愿军的热爱与关怀。

第三届中国人民赴朝慰问团赴朝时间为 1953.10.16—1953.12.21。西北分团团长为赵寿山，时任陕西省政府主席。慰问团在前线召开大会 153 次、开设座谈 176 次、进行演出 350 场，共向 11.2 万朝鲜群众和 90% 以上的中朝部队官兵开展了慰问活动。

第三届中国人民赴朝慰问团第二总分团（西北分团）第二分团团旗

尺寸：纵 100 厘米，横 151 厘米

中国人民志愿军出国作战二周年纪念邮票

尺寸：纵 2.7，横 5.1 厘米

1952 年 11 月 15 日，为了纪念中国人民志愿军赴朝作战二周年，中央人民政府邮电部发行了首套志愿军邮票，全套 4 枚，本馆藏 3 枚。

出国作战

支援前线

涉江追击敌人

1953 年 10 月 4 日，第三届中国人民赴朝慰问团在北京组建成立。慰问团于出国前制作了以西班牙著名画家毕加索于 1952 年为世界和平大会绘制的和平鸽为图案的纪念章。

"和平万岁"纪念章

尺寸：直径 3.8 厘米

中国人民赴朝慰问团所赠慰问手册

尺寸：纵 15.2 厘米，横 11 厘米

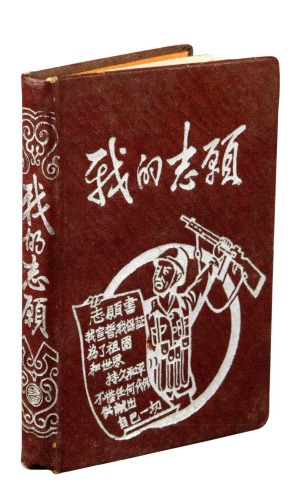

用来收集军功章等荣誉证章的小布袋。

光荣袋

尺寸：1. 纵 21 厘米，横 18 厘米
　　　2. 纵 21 厘米，横 23 厘米
　　　3. 纵 34 厘米，横 20.5 厘米

1

2

3-1

3-2

广大妇女积极制作慰问品支援前线。

可放置随身物品的慰问袋

尺寸：1. 纵 34 厘米，横 20.5 厘米
2. 纵 32.5 厘米，横 22 厘米
3. 纵 25 厘米，横 20.5 厘米
4. 纵 24 厘米，横 18 厘米
5. 纵 21.5 厘米，横 16.5 厘米

1

2

3

4

"赠给最可爱的人"搪瓷缸

尺寸：高 13 厘米，口径 9.5 厘米

为支援抗美援朝战场，1951 年 10 月，中国人民解放军第十九兵团某部在西安东郊长乐门外创建了一家搪瓷厂（西安人民搪瓷厂），为志愿军生产必要的物资。

"赠给最可爱的人"
图章及布袋

尺寸：布袋纵 15 厘米，横 21 厘米
图章 1 长 2.3 厘米，宽 1.4 厘米，高 5.8 厘米
图章 2 长 8.4 厘米，宽 1.9 厘米，高 5.6 厘米

1

2

慰问团赠志愿军的明信片

尺寸：纵 10.5 厘米，横 15.3 厘米

这一套明信片（10 张）是 1953 年 10 月第三届中国人民赴朝慰问团赠送给中国人民志愿军的特制专用彩色军邮明信片，它是我国在解放初期彩色印刷难度较大的情况下印制的第一套全彩色明信片。

第二节

鼓舞与力量

　　慰问团的到来，使志愿军指战员们感受到了来自祖国人民的鼓舞，极大地激发了部队的战斗力。志愿军指战员们以勃发的激情书写出充满感情的文字，表达了必胜的信念和捍卫和平的决心。

제 2 절

격려와 역량

　　위문단의 방문을 통해서 지원군 장병들이 조국의 국민들의 격려를 느끼게 해 군대의 전투 사기를 크게 불러일으켰다. 그들은 열정이 충만한 글을 써서 필승의 신념과 평화를 수호하려는 결심을 표현했다.

Section II

Encouragement and Power

　　Visits of the troupe brought the volunteer soldiers and commanders encouragement from their fellow countrymen at home, which greatly boosted their morale. Many of them wrote emotionally with surging passion, expressing their belief in victory and their determination to defend peace.

志愿军战士欢迎慰问团的墙报

尺寸：1.纵 111 厘米，横 145 厘米

2.纵 74 厘米，横 201 厘米

志愿军战士写在降落伞布上的感谢信

尺寸：纵 83 厘米，横 225 厘米

志愿军战士制作的感谢徽章

尺寸：1. 纵 20 厘米，横 20 厘米
　　　2. 纵 15.3 厘米，横 6.5 厘米
　　　3. 纵 12 厘米，横 13 厘米

1

2

3

志愿军第一三六师写于照明弹降落伞布上的给祖国人民的决心书

尺寸：直径 93 厘米

亲爱的祖国人民：

　　我们在庄严的抗美援朝保家卫国的正义斗争中，深切的体会到祖国人民
对我们的热爱关怀与支持是无微不至的。……

　　……我们在祖国的全力支援下，和朝鲜人民、朝鲜的人民军队并肩作战，打败了美国侵略军，
取得了伟大胜利，我们深深知道，我们的胜利是来源于祖国。祖国人民在伟大领袖毛主席"增产
节约，以支持中国人民志愿军"的号召下，给我们充足的物质供应和巨大的精神鼓舞。首先是捐
献了大量的飞机、大炮、坦克；在物质上给我们送来了美好的食品，春花未开的时候就送来了单衣，
秋叶将黄的时候又送来了厚厚的棉衣；在精神上，中国人民不断送来大批书报画刊慰问信，多次
派遣文艺工作团为我们演出，并把我们称为"最可爱的人"正由于为此，我们战胜了敌人，并取
得了朝鲜停战的光荣胜利。

　　……我们虽然离开了祖国，但我们每个同志的心和他最热爱的祖国人民的心却紧紧的系在一
起。伟大的祖国人民养育了我们，为了"抗美援朝保家卫国"的神圣任务派遣我们出国作战，我
们绝不辜负你们赋予我们的光荣任务。

中国人民志愿军第一三六师全体指战员敬上

1953.11.22 于朝鲜

写在手绢上的心愿

尺寸：纵 38 厘米，横 47 厘米

战士们在慰问团带去的手帕上写下决心，向祖国人民表达自己的心愿。

志愿军汽车第四团第一连
写给慰问团的决心书

尺寸：纵 44.5 厘米，横 52 厘米

志愿军某部第十连三班
写给慰问团的决心书

尺寸：纵 27.6 厘米，横 39 厘米

志愿军第八二一〇号三支队二营四连向祖国人民宣誓的誓词

尺寸：纵 78 厘米，横 53 厘米

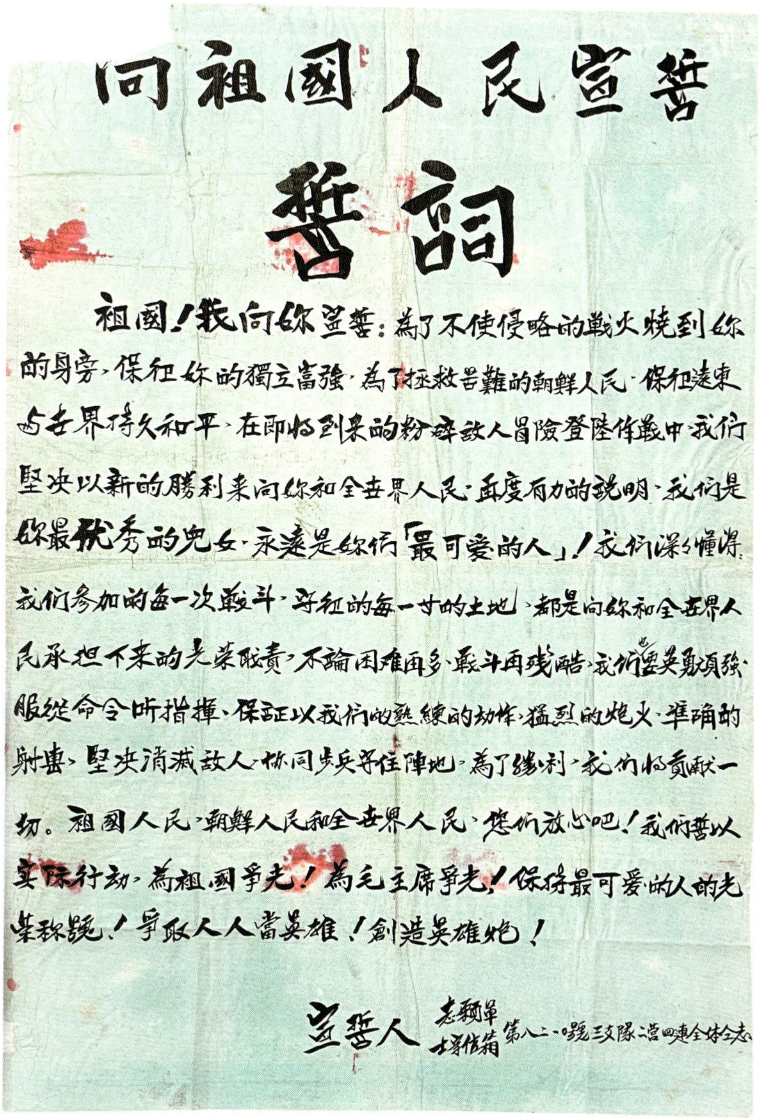
向祖國人民宣誓

誓詞

祖國！我向你宣誓：為了不使侵略的戰火燒到你的身旁，保衛你的獨立富強，為了拯救苦難的朝鮮人民，保衛遠東與世界持久和平，在即將到來的粉碎敵人冒險登陸作戰中，我們堅決以新的勝利來向你和全世界人民，再度有力的說明，我們是你最優秀的兒女，永遠是你們「最可愛的人」！我們深深懂得，我們參加的每一次戰斗，守衛的每一寸的土地，都是向你和全世界人民承担下来的光榮職責，不論困难再多，戰斗再殘酷，我們也要英勇頑強，服從命令听指揮，保証以我們的熟練的動作，猛烈的炮火，準確的射擊，堅决消滅敵人，協同步兵守住陣地，為了勝利，我們將貢獻一切。祖國人民，朝鮮人民和全世界人民，您們放心吧！我們誓以实际行动，為祖國爭光！為毛主席爭光！保持最可爱的人的光榮称號！爭取人人當英雄！創造英雄炮！

宣誓人 志願軍 士号信箱 第八二一〇號三支隊二營四連全体全志

志愿军六六五部二大队写给
祖国人民的信

尺寸：纵 92 厘米，横 75 厘米

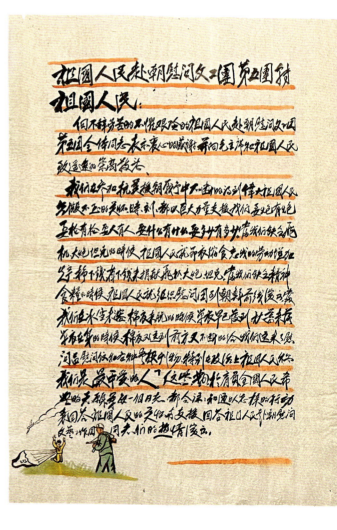

我们在伟大的抗美援朝作战中，已经取得了伟大的胜利，今后还要取得更伟大的胜利，在祖国人民以巨大力量的支持和爱护下，我们有充分的信心，最后击败侵略者。当我们只要想到我们背后站着的伟大祖国五亿人民，我们都充满了力量和信心，就没有任何困难不可以克服，没有任何敌人不能被消灭。

为了保卫祖国大规模的经济建设，保卫朝鲜人民的自由和平，保卫亚洲及世界持久和平，我们必须和朝鲜人民军和朝鲜人民更加紧密团结，打击美国侵略者，坚决斗争到底，一直打到中朝人民完全胜利的时候为止，敌人那肥皂连续我们侵朝战争，并敢切断我们冒险企图，我们就坚决给予彻底消灭的打击，把他们消灭在我们阵地前沿，叫他尸横遍野，血流成河，有决心，我们可以向祖国人民保证，向毛泽东主席保证，一辈以实际行动造出的战绩，最的胜利，来保卫祖国五年大规模经济建设胜利完成。

最后，让我们高呼

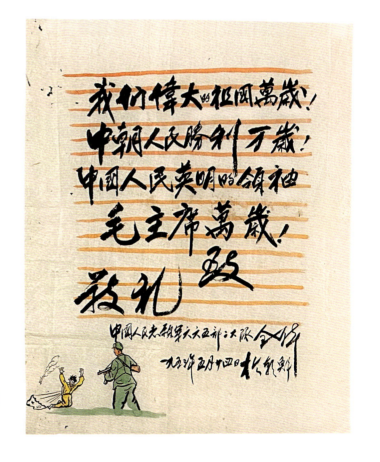

我们伟大的祖国万岁！
中朝人民胜利万岁！
中国人民英明的领袖
毛主席万岁！
致礼

中国人民志愿军大六五部二大队　令××
一九五三年五月十四日　北×私×

志愿军五六五团
写给毛主席的信

尺寸：纵 75 厘米，横 54 厘米

志愿军战士精心制作的干花
和欢迎慰问团的快板诗

尺寸：干花纵 17 厘米，横 23.7 厘米
　　　快板诗纵 16.8 厘米，横 22 厘米

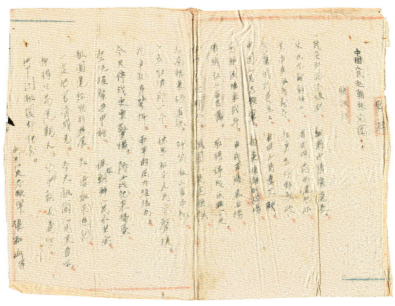

第三节
巧手留纪念

　　在物资匮乏的战场上，志愿军战士们每天都在发明创造。他们利用战场上一切可利用之物，制作出各类蕴含着特殊意义的生活用品和生产工具，并慷慨地回赠给慰问团和祖国人民。

제 3 절
특별한 기념품

　　물자가 부족한 전장에서 지원군 장병들은 늘 발명하고 창조했다. 그들은 전장에서 이용할 수 있는 모든 물건을 가지고 특별한 의미를 담은 각종 생활용품과 생산 도구들을 제작하여 위문단과 조국에 있는 국민들에게 아낌없이 증정하였다.

Section III
Sweet Memories by Dexterous Hands

On the battlefield where supplies were extremely scarce, the volunteer soldiers were inventing and creating every day. They made use of all items available at hand to create various daily utensils and production tools which were infused with special meanings, and generously returned these gifts to the troupe and their Chinese supporters.

用打落的敌机材料制作的勺子

尺寸：勺子长 18.5 厘米

志愿军指战员用打落的敌机残骸制作筷子、饭勺等，作为纪念送给慰问团并由其带回给祖国人民。

志愿军某部一支队高机连战士罗启厚写给慰问团的信及赠送的筷子

尺寸：信袋长 22 厘米

志愿军五二六部五排
赠给慰问团的筷子

尺寸: 长 19 厘米

筷子一面刻有"中国人民志愿军五二六部五排全体赠"字样，一面刻有"抗美援朝"字样。

志愿军炮八师四十八团
杨文贵铸制的铝盘

尺寸：高 3 厘米，口径 20 厘米

志愿军自制的苏制 T34 坦克模型

尺寸：长 21.5 厘米，宽 9 厘米，高 9 厘米

苏制 T34 坦克在志愿军装甲兵部队中被广泛使用。抗美援朝战争中，我志愿军装甲兵部队在没有制空权、装备数量处于绝对劣势的情况下，采用灵活机动的战法，以准确的射击技术，摧毁敌人坚固的地堡，与步兵配合取得辉煌战绩。

"杀敌立功"铭刀

尺寸：通长61厘米

"杀敌立功"铭刀用炮弹皮制作，由志愿军四二部五大队二支队三小队赠。

用汽油桶制作的镰刀

尺寸：通长 42 厘米，刀头宽 20 厘米

镰刀由志愿军某部三大队八支队三中队十连战士沈龙俊制作，取材于汽油桶。

用来防滑的铁脚马

尺寸：长 8.5 厘米，宽 4 厘米
与鞋底接触面高 4.2 厘米

用祖国人民支援前线的鸡蛋粉
罐头盒制作的水壶

尺寸：高 20 厘米，底径 13 厘米

用罐头筒改制的水瓢

尺寸：高 13.5 厘米，口径 11 厘米

子弹刀、子弹用具

尺寸：长约 8 厘米

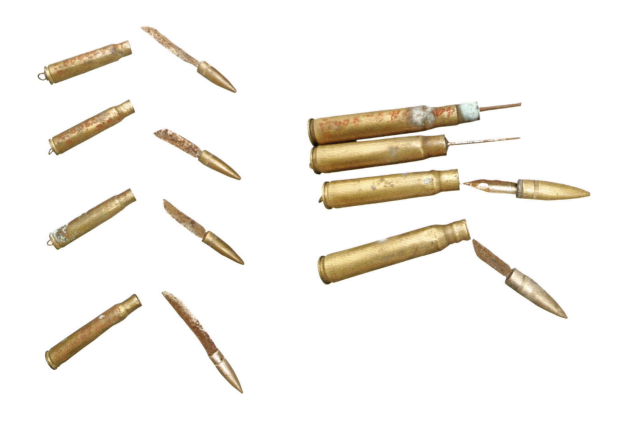

制作时将弹壳底部的黄铜去掉，穿入灯芯，把柴油注入瓶中，用火柴将子弹壳圆形口中的灯芯点燃。

子弹油灯

尺寸：1. 高 13.5 厘米，底径 2.7 厘米
　　　2. 高 14 厘米，底径 2.7 厘米
　　　3. 高 14.7 厘米，底径 2.5 厘米

1　　　　　2　　　　　3

用罐头筒改制的省油灯

尺寸：长 16.3 厘米，口径 7.5 厘米

坑道油灯

尺寸：通高 8.4 厘米，底宽 8.5 厘米

用铁丝制作的烛台

尺寸：通高 20 厘米

自制的台灯

尺寸：通高 35 厘米，底径 5.5 厘米

避风灯

尺寸：通高 21 厘米，底径 7 厘米

弹壳烛台

尺寸：通高 39 厘米，底径 10.8 厘米

萝卜擦子

尺寸：长 30.5 厘米，宽 8 厘米

山炮营二连炊事员王进才制作并赠与慰问团的做菜工具。王进才是连立两次国际三等功的战斗英雄。

烟斗1上刻有"飞机上铝""朝鲜田鲁""一九五三"等字样。

自制的烟斗

尺寸: 1. 长 14 厘米

　　　2. 长 13.5 厘米

1

2

自制的油提子

尺寸：通高 29 厘米，底径 4.5 厘米

战士们自制的跳棋、扑克牌、皮影等。

年轻人的欢乐

尺寸：1. 跳棋高 2 厘米，底径 1.2 厘米
      2. 扑克牌纵 9.5 厘米，横 7.3 厘米
      3. 人物（大）纵 17 厘米，横 11 厘米；
         人物（小）纵 6 厘米，横 3 厘米

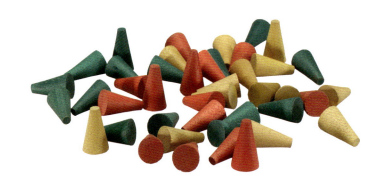

1

2

3-1

3-2

用照明弹伞布编制的手电筒套

尺寸：长 52 厘米

"战地之家"宣传画

尺寸：纵 107.5 厘米，横 291 厘米

　　在运动战转入阵地战的初期，志愿军的广大指战员创造了"坑道战"的作战形式：把防炮洞加深，形成半坑道，将两个防炮洞连通，形成 U 型小坑道，有效地削弱了敌人空中炸弹和炮火的杀伤力。之后，志愿军各部队又进一步提高了坑道的工程质量，坑道工事能够达到防空、防炮、防毒、防雨、防潮、防火、防寒的要求，保存了志愿军的有生力量，稳定了防御态势，赢得了战场的主动权。随着战事的进行，坑道的长度也逐渐增加，据统计，志愿军在朝鲜挖的大小坑道全长共计1250公里，筑成一条朝鲜战场上的"地下长城"。

"胜利的鼓舞者"锦旗

尺寸：1. 纵 104 厘米，横 77 厘米
2. 纵 126 厘米，横 94 厘米

献給

祖國文化藝術慰問團

勝利的鼓舞者

中國人民志願軍後勤三分部司令部政治部

献给 祖国慰问文艺工作团

你们是胜利的鼓舞者

中国人民志愿军步兵第二团

2

中国人民赴朝慰问文艺工作团第五团走遍了朝鲜西部大战区，行程上万里，带回志愿军战士写给祖国人民的近万封充满真挚情感的书信。一句句满含真情的话语传递了战士们保家卫国的决心和信心。

부조위문단 제5단은 조선 반도 서부의 주요 전역을 순회했는데 그 여정이 5000km 가 넘었다. 그들은 진실한 감정으로 가득한 지원군 장병들의 거의 10,000 통의 편지와 정성껏 만든 수공 기념품을 가지고 돌아왔다. 한 마디 한 마디 진심이 담긴 말과 정성을 다해 만든 물건 하나 하나가 지원군 장병들의 나라를 지키려는 결심과 신념을 전했다.

The fifth troupe, having travelled the entire war zone in western North Korea and covered thousands of kilometers, brought back more than ten thousand letters written by the Chinese volunteer soldiers and numerous gifts hand-made by them. All the lines were enthusiastic and full of emotions; All the gifts crafted by the soldiers conveyed their confidence and determination of defending the motherland.

第三单元

万里同心

제 3 부

만리동심 (萬里同心)

Chapter III

Unbelievable Solidarity

第一节
英雄之歌

　　在"抗美援朝、保家为国"的战争中，涌现出了许多耳熟能详的战斗英雄，但是，也有许许多多我们不熟悉甚至不知道的普通战士，他们用生命和鲜血谱写的英勇事迹依然让我们动容和敬仰。

제 1 절
영웅의 노래

　　'항미원조, 보가위국' 의 전쟁에서 우리에게 익숙한 수많은 전쟁 영웅들이 등장했지만 익숙하지 않거나 심지어 알려지지 않은 보통의 병사들 역시 많이 있었다. 그들이 목숨과 피로 쓴 사적은 오늘날 여전히 우리의 감동과 공경심을 불러일으킨다.

Section I
A Song of Heroes

　　In this war of "defending the motherland by resisting U.S. aggression and aiding North Korea", numerous heroes emerged whose names are known by every household. However, there are even more ordinary soldiers who have lost their lives during the war but their names unheard or unknown. They are also great heroes, as up to now, the stories written by their lives and blood still touch all of us and still deserve our highest regards.

争夺老秃山

尺寸：1. 信芯纵 25.5 厘米，横 17.5 厘米
　　　2. 信芯纵 17.5 厘米，横 25.5 厘米
　　　3. 信芯纵 28 厘米，横 20 厘米

1-1

老秃山战斗发生于海拔 266 米的上浦防东山。此山位于西部战线扼守通往汉城的要道，因双方反复争夺，致使山上草木全无，由此而得名"老秃山"。1953 年 3 月 23 日，志愿军第 47 军 423 团在炮兵部队的支援下，向驻守在此的联合国军哥伦比亚营发起进攻，全歼守军，并坚守阵地顽强阻击，多次打退联合国军实施的反扑。战斗至 28 日结束，志愿军共毙伤联合国军 1900 余人。在老秃山战役中，承担爆破敌人铁丝网任务的三连十一班副班长腾明国带领爆破组和另外四名战士扑向铁丝网，用鲜血和生命搭起"人桥"，让突击队指战员踩着他们的身体快速通过障碍，展现了志愿军战士英勇顽强、舍生忘死的革命英雄主义精神。

著名作家老舍随同第三届赴朝慰问团来到朝鲜，在参加老秃山战斗的部队体验生活数月，创作了纪实小说《无名高地有了名》，讲述了中国人民志愿军这次在极其艰苦的条件下的战斗经历。

第五慰问团专程慰问了在老秃山战役中立功的指战员，战士们在信中表达了自己要继续发扬不怕牺牲的英雄主义精神。

图为参加老秃山战役的连队写给慰问团的信、老秃山战役的简报（新华社记者张涛报道了此次战役，并寄剪报给慰问团钟团长）。

1-2

1-3

抗美援朝
保家卫国 赠送
中国人民赴朝慰问团赠

祖国慰问团同志们

志愿军战字信箱×e-o-×四o号×支队×营×连杨超起。

2-1

最亲爱的祖国慰问团同志们：

今天十一时我听说你们来到了我们团里，十一时二十分时，我听排长回来请要我们给你们敬送抗美援朝的胜利品，当时我们五、六班全体同志，同声说有，都忙着待，但是没有一件合呼要求，大家就着急了，有时说，那们打碎了秋季攻势快二年了，除了搞以外都丢失了，你看，现在什么都不心爱，希奇，恰好，正用午饭，排长战士看到我吃饭的筷子说，那筷子保这双筷子献给祖国人民吧，那末地我提醒了，这时有五班副班长问盛祥同志说献真我给你一根降落伞装地筷8绑在一起一块献去吧，古人言千里送鹅毛，礼轻人意重，当时我与同连三地真最心爱的一双筷子，决定给祖国人民了，今我就在急忙中献为改单的高尖跳表演了。

亲爱的家乡们，爸妈的兄弟们，女年姊妹们，你们知道这双筷子和筷的来历吗？定不知道的，现在我就告诉你一下吧。

这筷子是在五一年美帝侵朝规司令发动的秋季攻势当美帝在秋季攻势中用了六次的东西，未给我们送礼，这是我们在粉碎秋季攻势中，连港成桶在战抗上搞得了这样的筷，我们拿来做成了筷子，这筷子对我的帮助是很大的，在秋季攻势中帮助我吃过，冷水泡炒麵，白水煮黄豆（没有油盐），我在零三十度，也古庭米藿尺

2-2

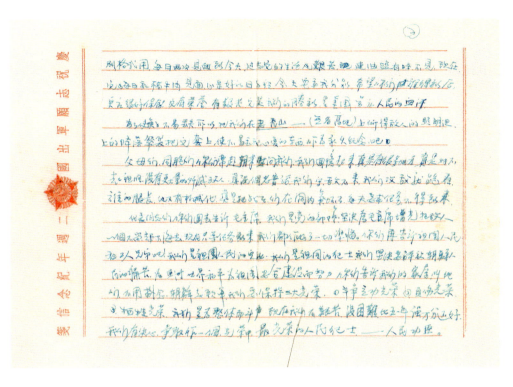

2-3

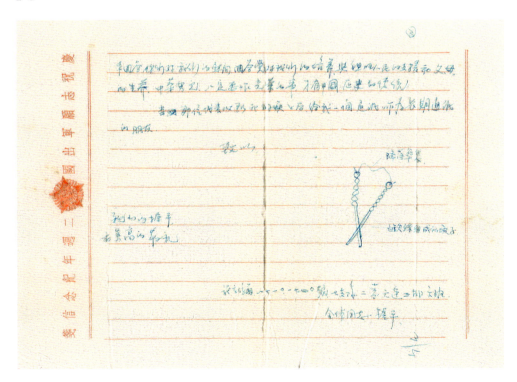

2-4

3-1

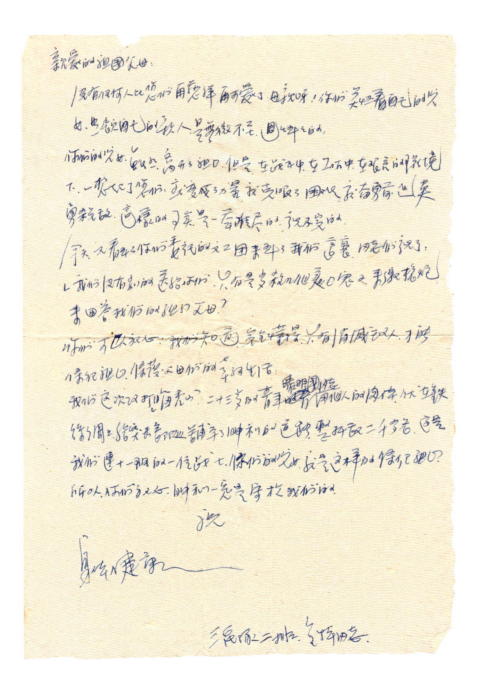

3-2

天德山英雄连

尺寸：信芯纵 27 厘米，横 19.5 厘米
　　　锦旗纵 85 厘米，横 176 厘米

在 1951 年 10 月的朝鲜战场上，守卫临川江东岸天德山阵地的志愿军全体官兵舍生忘死、顽强抗击，成功击退了敌人一轮轮的攻击，最终只剩下 4 名官兵，仍牢牢坚守着阵地。志愿军总部授予其"天德山英雄连"荣誉称号，记集体特等功。

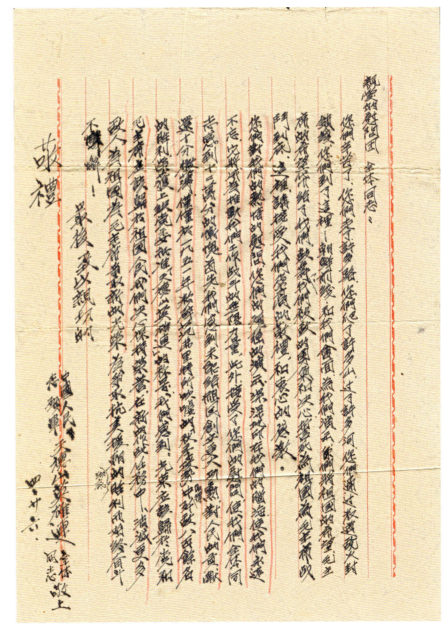

光荣的白老虎连

尺寸：信芯纵 17.5 厘米，横 25.5 厘米

白老虎连是原东北野战军九纵二十五师七十四团一连，是一支有着光荣传统，战功卓著的部队，在辽沈战役锦北渗透战中的一场关键阻击战——白老虎屯战斗中出色的完成任务，获"白老虎连"荣誉称号，并奖"死打硬拼"锦旗一面。白老虎连在朝鲜战场上痛击美军王牌部队陆战一师，著名作家巴金因此写下《一个英雄连队》的长篇战地通讯。在 1953 年 3 月 19 日，该连打垮敌人一个加强连，并将缴获的一个降落伞（见第 263 页）赠给慰问团。

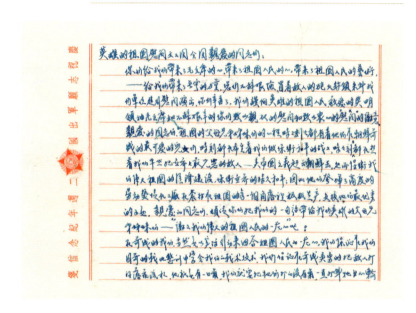

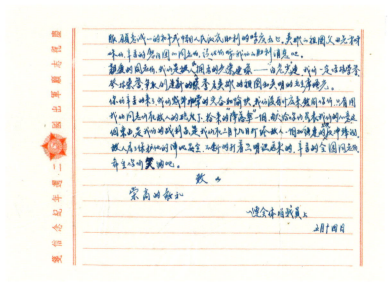

罗盛教连队

1952 年 1 月 2 日，罗盛教为救朝鲜落水儿童而光荣牺牲，年仅 21 岁。他被中国人民志愿军政治部追记特等功，授予"一级爱民模范"荣誉称号。朝鲜民主主义人民共和国授予他"一级国旗勋章"和"一级战士荣誉勋章"。朝鲜人民军最高司令官金日成将军亲自为罗盛教烈士纪念碑题词："罗盛教烈士的国际主义精神与朝鲜人民永远共存。"

尺寸：1. 信芯纵 19.5 厘米，横 27 厘米
　　　2. 信芯纵 19.5 厘米，横 13 厘米

1-1

抗美援朝
保家衛國
中國人民赴朝慰問團贈

赴朝慰問團第五團

全体同志一　　　收

侦察队一排一班　1953.4.2

2-1

敬爱的毛主席，伟大的祖国人民，
亲爱的慰问团全体同志们：

你们在毛主席和祖国人民对你们亲爱的关怀之下很辛苦的由祖国到达朝鲜来尚未休息，就给我们亲爱的慰问，这种精神真了不起，值得我们向。你们亲爱的全体慰问团旺们带来的益民演出了很多的精彩节目，演得相当细緻动人，使我们看到之后感到万分高兴，始终忘不了。又向我们介绍祖国三年来的建设成就，很伟大的向社会主义社会前进而不久的将来的幸福生活就在我们目前。亲爱的慰问团旺你你们为了保卫祖国的安全，为了保卫远东和世界和平，为了解放全朝鲜，给我们很多的宝贵指示，些来感谢。我们一定要在你们教导的指示之下努力物质批判，决不辜负祖国人民对我们的希望，全世界劳动人民的领兵，和我们亲爱的慰问团同志对我们的指示。因此我们下定决心要迎接一九五三年的团永们在侦以工作当中作更多的準備，時刻斗备起，碎敌人員瘋狂陸進攻，在敌人蠢進攻战斗中，我们领袖壮胆，不怕一切，团結一致起有拚搏壮的精神，多拚炸个敌人，争取更大胜利，为我祖国人民争光，为毛主席争光，为朝鲜人民争光。最后祝亲爱的慰问团旺们身体健康，发扬愉快

此致
崇高的革命敬礼

罗盛教连队
一排一班全体同志谨啟

1953.4.26

2-2

志愿军某部驾驶员张洪喜在封锁区执行任务时，遭遇敌机轰炸，在被炸断左腿的情况下，依然坚持将车开出封锁区，为后面的车辆让出道路。

英雄的战友

尺寸：信芯纵 25.5 厘米，横 17.5 厘米

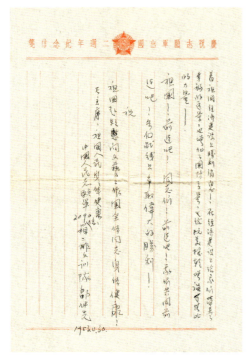

神枪手张宏秋

尺寸：纵 27 厘米，横 19.5 厘米

志愿军三四六部二大队五支三中队十区队神枪手张宏秋 10 天里 14 枪打死打伤 10 个敌人。

志愿军某部三支队一分队三组战士徐天恩在信中讲述了自己在 1953 年 4 月 18 日的马良山阵地守卫战中，勇敢地跳出坑道，迎面痛击敌人，用一排子弹歼灭 5 个敌人。虽右手负伤，但在战友的辅助下，接连扔出去 50 多个手榴弹，将敌人的四次冲锋都打退了。在信中，他总结了自己的战斗经验，并深深认识到"我们的阵地不是孤立的，我不是孤立的"，有战友的配合，有炮兵部队的支援，有祖国人民的强大物资基础的支持。

马良山守卫战

尺寸：信芯纵 25 厘米，横 19 厘米

太多了，就高兴的喊起来，打的数打的痛了。这次打垮敌人四次冲锋中我们只那几个人，敌人打完就滚蛋了，从这次战斗中，我们可以看示敌人士气很是低落。只要我们勇敢，敌人就一定被我们打垮。像我过去一次战斗还没参加过像这样敌一个人打死一排，我同我们部保都是这样，如那一天敌人进攻时打的时间短都像打靶一样痛痛快快。这大战斗是我们初次进地的时第一次战斗，我们着到了有很多缺点，敌人没都打死减俘，叫他逃一部份，以后那些战没我们就不会满足。根据敌人情况，但是发动更大的冒死进攻，所以我们都要准备好，大正打的关头，格杀打人住次。争取多缴获，格杀俘虏缴他的枪毛之离膛死，我同我们代表祖国人民心意的慰问团全体同志一致的决心。

我在半拉学学军花的学指导地中也训到有调只打冲锋，杓敌人才不发怒，军的冇，坳喉候，保护我友军，相岁敌高峰唯在进毛纸样。在情发挥惫时，为祖国广、为旗冇着气时我就。教多纸就。我和敌人间赛脱尽，在战斗中我准备打得你的左手还冇在手杓敌人们、电是双手习惜，还有口味也电咬我光咒帽，冇口味就电捕到咽地，保记打好这次过关收，保持成必英雄我这次英勇巩胜打战的作风，争取更大的荣誉。

慰问团的代表同志们：我有决心，也有信心在与侵袭我中等敌等一舆战决排，保卫国炎军，让祖国人民都知道我的名字。请你们相信我，我是一个钢铁团员，两年来尤发求上继结秦献国人，我们就是大大的提高了，我很幛莫伃战，眼伃疼，为了和平我有晓法不够的教敌决心。

第一，我有一定的我犬的水平，尝导使用犬捷武器，在战抛上我学会了小炎鼾怵战的战这动作，快速火戋战人苜，次短兵相中我深刻的领气了勇挂顽强，抗捷失冷发，消灭敌人这重要一环，与为我止更勇敌、更顽强。

第二，为学透了敌人的疑细，事如重不知道雅打攻，他们怕死，只要我勇敢，敌人自就惹缩，我况在同把援作到，在降地收、有多少敌人上来，就要消减多少，在我把降为止。

第三，边战斗边学习，不断地提高自己，锊机会我敌人打，越打本事越大，股头更足，把股更大。

第四，我们的胜利也不是孤立的，我为是孤立的，有雄厚的物质基础，强大的炮火、坦克，就近次我的目把他们的敌取得胜利果果----如果没有那么雄厚的勉力，我也不可能取到那样的胜利。

三支队一分队 三组
徐天恩。4.23.

二分队的"漂亮仗"

尺寸：1、2. 信芯纵 27 厘米，横 20 厘米

志愿军某部高炮五中队二分队的蒋启进、李明仕在信中介绍了他们在 1953 年 4 月 13 日"打了一场漂亮仗"，几小时便占领无名高地，在四天的争夺战中消灭了一个哥伦比亚营，23 日又打落敌人 F- 84 战斗机一架。

敬爱的赴朝慰问团全体首长们：

你们辛苦了。你们翻过了很多的高山，渡过很多的河流。奔赴到朝鲜，突破了敌人的封锁线。不怕敌机轰翻的轰炸，到了前沿给我们演出很多的优秀节目，并且带来很多的慰信。同志看这节目和慰问信的时候，都深深觉到祖国人民和毛主席，慰问团首长们对我们的关怀。我们没有什么来回答祖国人民和毛主席慰问团全体首长们。我们只有用实际行动，努力学习，提高技术，提高警惕性。彻底粉碎敌人这次冒险登陆进攻来回你们。

另外把我们现在的胜利消息，介绍给你们，相信你们听之后一定很高兴。或者会高兴喚时起来地。就是上月十三日在无名高地打了一但漂亮仗英勇善战的步兵同志们在浅射砲火掩护下，只经过几小时功就完全佔领了该高地，敌人是不甘心的，利用各种坦克大砲配合下，反复进行争夺。在四天的争夺战中同志更发挥了英勇顽强不怕牺牲的精神，狠一地打击反扑上来的敌人，消灭一個偽倫比亚营，击毁坦克指挥。击毁击伤敌机什多架，还缴獲其他各种武器不少，但是现在阵地还是在我们英雄们的手里。另外我们在四月廿三日下午敌人仍佔势F—84似战斗机在我们上空盤旋結果被我们十八瓦的弹打8着，大掉了下来。

2—2

但是並不骄傲，今后並加强学习研究，争取在乙之年彻底粉碎敌人冒险登陆进攻的陰謀，争取朝鲜彻底胜利，保卫祖国安全建設，保卫世界持久和平，解放全人類。到人多該祝你们身体健康

此敬

革命敬礼

蒋敏进　五月二号

中国人民志願軍戰乙一九乙信箱高五中隊二合隊。

2—3

慰问团全体首长　收

请交祖国文艺工作团

中国人民志願軍戰乙一九乙信箱高五中队二合隊緘

2—1

1953 年 5 月 2 日，志愿军第四十六军一三三师三九七团的突击连，对下勿闲北山地段的敌军发起进攻，在炮火的掩护下，短短十几分钟就占领了敌方阵地，有效地歼灭了敌军的有生力量。指挥这次战斗的正是这封信的第一位署名者——三九七团团长唐元亨。

狭路相逢勇者胜——下勿闲北山突击战

尺寸：信芯纵 17.5 厘米，横 25.5 厘米

但我们感到胜利不够，还需要更加努力的努力争取更大胜利！

亲爱的同志们：为全国和祖国人民争取的荣誉是要我们努力争取的。我们在参加抗美援朝的斗争中，不断的得到祖国的巨大力量的支援，真正是要啥有啥，样样不缺。我们感到祖国真在是一个伟大可爱的，同时我们也感到，祖国无比强大的骄傲自豪。

亲爱的同志们：祖国人民称呼我们是"最可爱的人"，当我们听到这个称呼时，感到无比荣耀光荣，也深深的体到的责任的重大，我们要以实际行动保持这个光荣称号，坚决完成祖国人民交予我们的光荣伟大的任务。——将美援朝进行到最后胜利。

亲爱的同志们：正当我们在战场积极准备春季斗争争取伟大的胜利的时候，正当我们祖国热烈地开展第一个五年计划建设的时候，美帝国主义同李承晚在不甘心他们的失败，正在阴谋策划于扩大朝鲜战争的罪恶，妄想把朝鲜战争、台湾、小鬼岛重新扩大的罪恶

阴谋，企图用这些手段来挽救灭亡的命运。我们早就有了充分的准备，也早就警惕，如果美帝敢冒险进攻我们，那就是自寻灭亡。

亲爱的同志们：请你们放心吧，我们一定保证坚决以实际行动，来保卫祖国顺利的实现第一个五年建设计划。

此致

崇高的敬礼。

张××
成××
严××
魏××
刘××
黄德×
李××

炮兵的决心

尺寸：信芯纵 25.5 厘米，横 19.5 厘米

　　"板门店的炮兵"翁克随信附赠炮弹上的撞针，表明这是二炮为打击敌人的大规模进攻，试射新目标命中弹上的"保险针"，并说"如果敌人胆敢进攻，我们将以和这个'保险针'同样准确的射击来回答他们的疯狂行动"。

机智的通讯兵

尺寸：信芯纵 28 厘米，横 21 厘米

志愿军某部九支队通讯连电话排随信寄一小截电线，说："战友们用自己的勇敢和智慧去敌人阵地破坏敌之电线而把敌人的电线切回来架在我们自己的阵地上。"随信还附有快板诗《电话员过河收线》。

电话员过河收线（选节）

（195 师 585 团通讯连张春有、王洪福、萧昌忠）

保卫开城最前线，出现了许多英雄汉，
今天不把别人表，说说英勇的电话员。
部队走上现代化，电话都要架到连。
电线一时不够用，英雄个个发了言，
过河夜袭敌阵地，破敌通讯收它的线。
四月二十那一天，连里命令去找线，
同志们听得这个消息，一个一个好喜欢。
陈保福是个夜盲眼，硬说啥都看得见，
这回我一定去倒线，不让我去可不沾。
石泉廷真高兴，心眼里头好喜欢，
我是一个青年团员，战斗、工作要做骨干，
三番二次找班长，要求一遍又一遍。
连里最后作决定，班长张春有当组长，
去了三个人一对半。你拿拐我拿钳，
各种家具都齐全，也赶那天真凑巧，
还有一个侦察班，去敌阵地看地形，
三个人紧紧跟后边，不知不觉来得快，
面前不远到河沿，脱了衣服下了水，
深处足有四尺半，不顾水冷透骨寒，
渡过河去登了岸。走了不远是一片山，
这是敌人最前沿。敌人一群怕死鬼，
白天出来守一守，夜晚撤退到后边。
三个同志转了一转，什么动静也没听见。
再往前走几步远，发现大批电话线，
大伙乐得合不住嘴，这回咱可有本钱。
…………

志愿军第六十五军一九三师侦察连决心要以胜利来回报祖国的慰问团，回报爱国艺人常香玉。在 6 月 2 日从敌后偷袭，消灭敌人一个加强班，缴获轻重机枪各一挺、"大八粒"四支、卡宾枪一支、照相机两个，并当即送给慰问团一个照相机（见第 273 页）。

神勇的侦察兵

尺寸：信芯纵 28.5 厘米，横 21.5 厘米

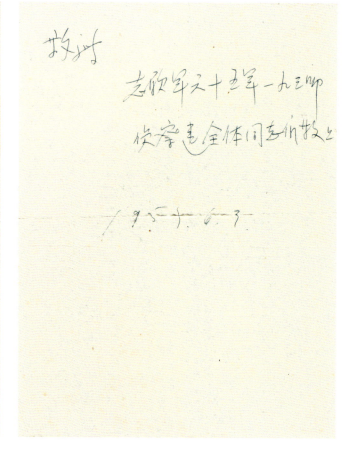

给玉清小妹妹的信

尺寸：1. 信芯纵 19 厘米，横 14 厘米
    2. 信芯纵 17.5 厘米，横 25.5 厘米

慰问团中最小的队员刘凤琴、范玉清唱的《志愿军叔叔打胜仗》，每每让战士们感动落泪，更加激发了战士们的爱国热情。志愿军指战员表示："绝不能让祖国的儿童，也像朝鲜的儿童一样，将防空洞当课堂，我们有信心战斗到胜利，……让你们安心的念书，愉快的歌唱。"

1-1

1-2

1-3

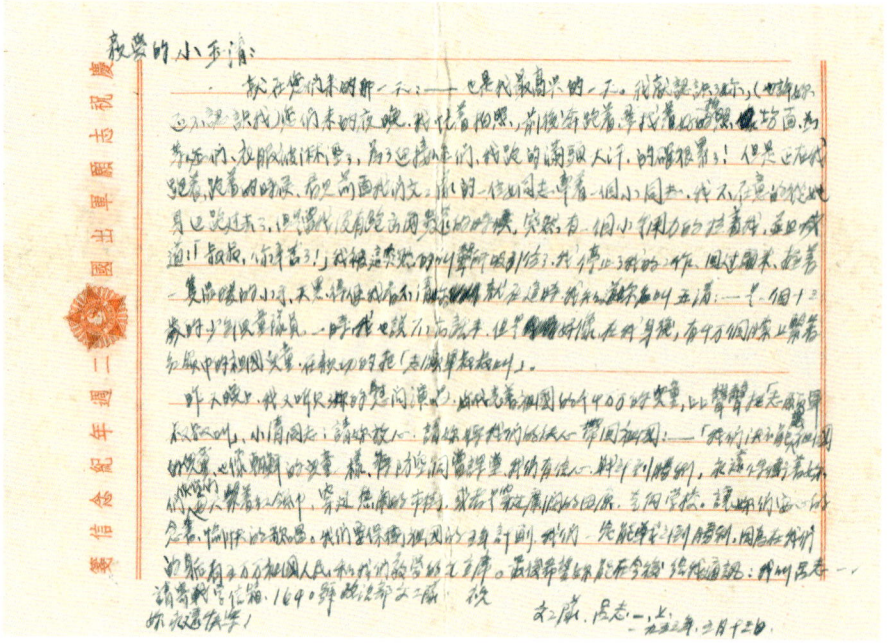

2-2

2-3

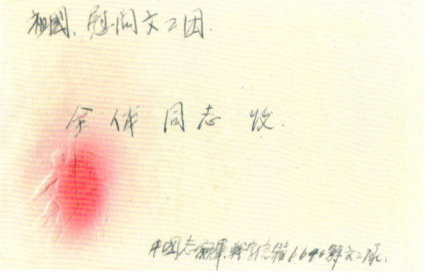

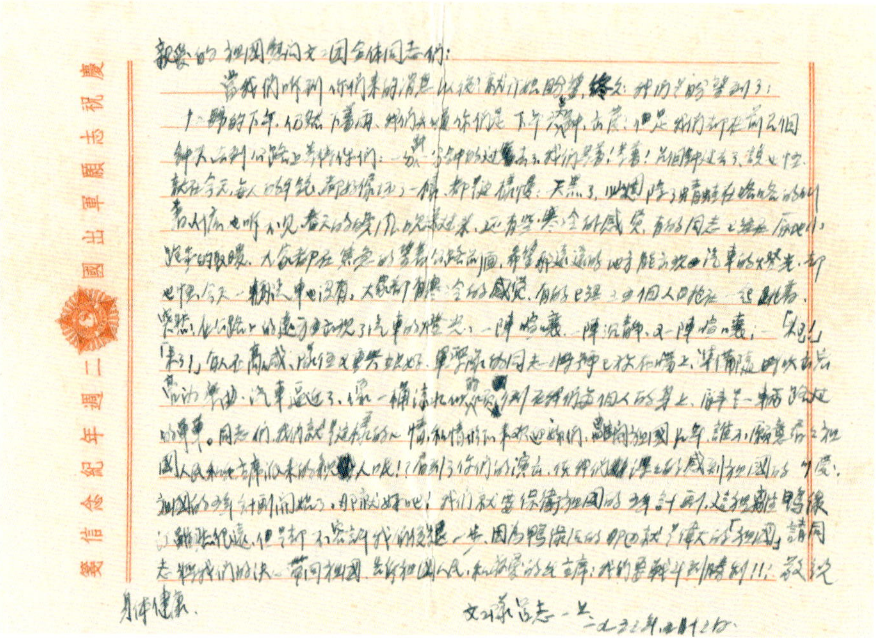

2-1

给祖国少年儿童的信

尺寸: 1. 信芯纵 17.5 厘米，横 25.5 厘米
2. 信芯纵 20 厘米，横 17.5 厘米
3. 信芯纵 27.5 厘米，横 19.5 厘米
4. 信芯纵 17.5 厘米，横 25.5 厘米

志愿军女战士王秀珍、朱向英、倪美华给祖国的小朋友写信，通过和朝鲜儿童生存现状的对比，告诉孩子们要珍惜和平安定的美好生活。

志愿军战士傅吉利、唐铨、张向春给祖国的少年儿童写信，信中鼓励孩子们努力学习、报效祖国，并感谢西北人民派来的慰问团。傅吉利来信的信纸一角还有生动的志愿军战士形象。

1-1   1-2

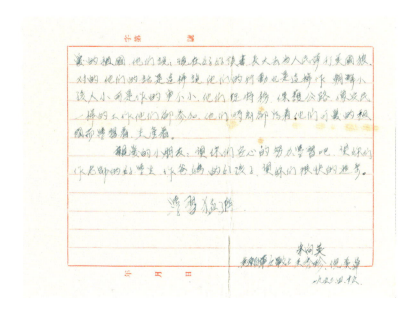

1-3

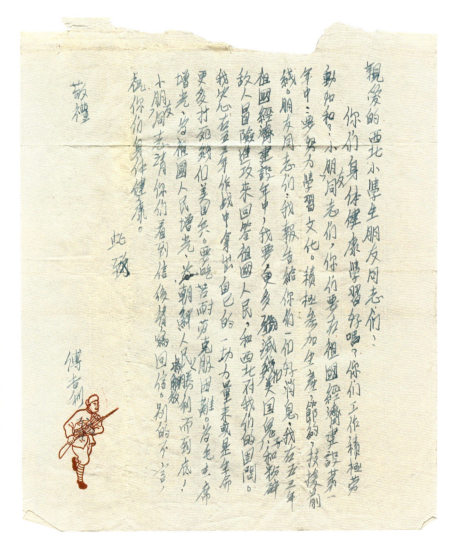

2-1　　2-2

最親愛的少年兒童們。

近來你們的身體都很強壯吧，我所領導的都是飛進年的，我也經常的見到你們帶我們奇幸的，每到慰問信，讀完可的走的很，你們對我們關懷和熱愛的，你們都得心的感重的我們，使我們在工作上遇到了千萬困難，我們又和日在工作們偉大的愛國主義，日之夜久不休息，為建設祖國，度過很多的困難，這也是你們給我們代來的力量和勝利的決心，使我們的工作中，時定睡覺時都相起了最愛的少年兒童們，你們愛糧拿錢不花，捐獻飛機槍工砲又來慰問書整問我們，真是感動我，我們想起像以前有很多的記來，真是當不起少你們這次不前戰美帝我是不甘休，今後我一定為你們增光，衛祖國衛人民增光，衛兒童你們增光，我們來保衛著祖國的，還有最親愛的少日兒童來建設偉大的祖國，親愛的少兒童們我們時時刻刻都相念著你們，毛主席和可愛的少年兒童你們生長在偉大的毛主席時代的少年，你們是在保衛祖國建設公祖國強大力量，我們是報能比較你的每個的信中，看到是不斷的，見到你們對祖國的熱愛和對我們的支援，你們這種愛國熱情，我們是永遠不能忘記的，你們這種熱愛祖國的精神我們一定要用實際工作行動來回答你們，對我們的熱愛每關懷和支援謝謝你，少兒童們你們是我們的榜樣最后我祝你們努力學敬當一個模範的，我希望多讓你們的事情，這是我隨時為你希望的事情，並祝多謝。

下次再談吧。

此致　華伶敬禮　　唐銘之　[印：唐銘之章]
1953年6月?日。

祖國少年兒童們　啟
請慰問團轉交
自由國人民志願軍成字三0通訊處緘

3-1　　　　　3-2

4-1   4-2

把胜利的消息告诉祖国的青年

尺寸：信芯纵 17.5 厘米，横 25.5 厘米

志愿军某部七支队战士黄宗伯给重庆市六一零纱厂青年团员与全体青年同志写信，信中说，国内的各种建设情况也深深牵动着前线战士们的心，祖国的青年们致力于建设国家的同时，战士们用胜利回馈祖国人民对他们的支持。在信中，他代表前线战士向祖国青年讲述了刚刚取得的胜利。1953 年 3 月 26 日，在发生于梅岘里东山和马踏里西山的战斗中，志愿军全歼守敌 300 余名，攻得下而且守得住，至战斗结束，先后共计歼敌 1400 余名。我军的节节胜利直接推动了停战谈判的恢复。

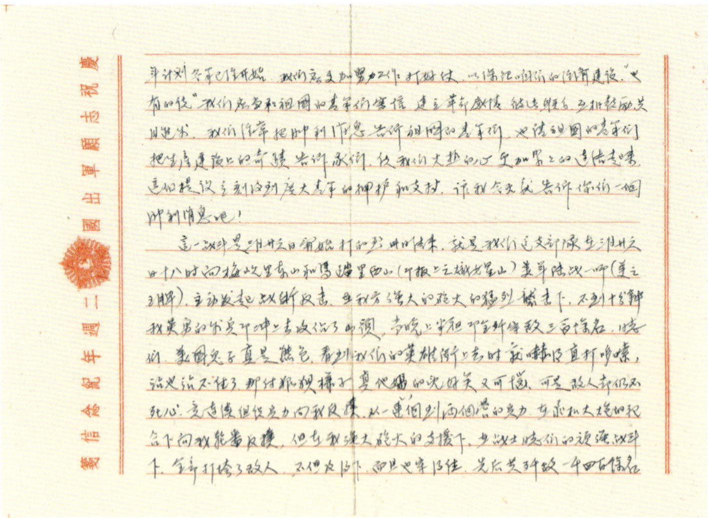

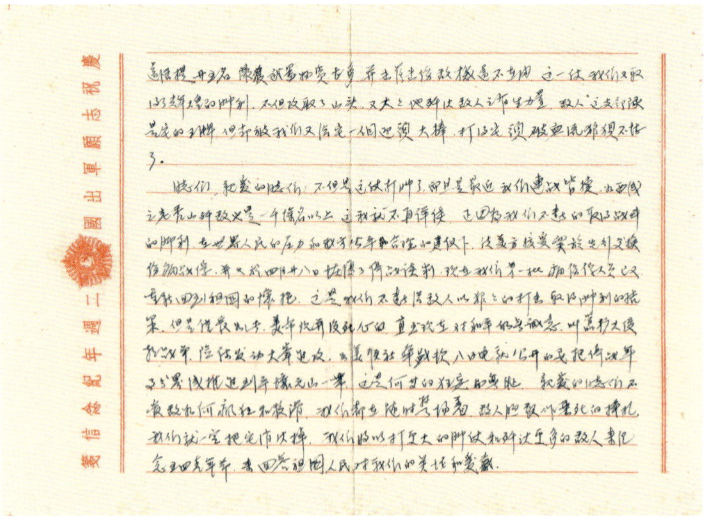

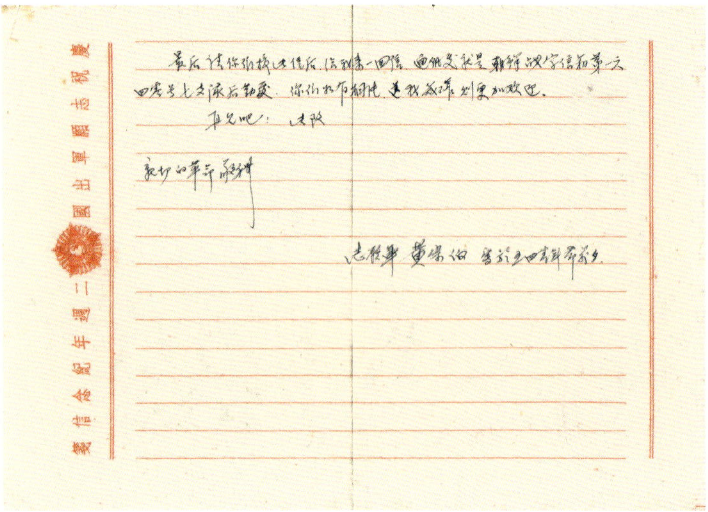

抗美援朝特制军邮

尺寸：展开纵 13 厘米，横 18 厘米

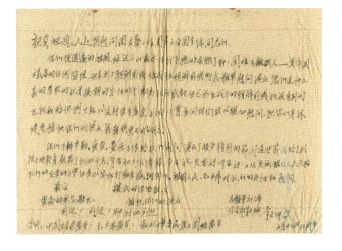

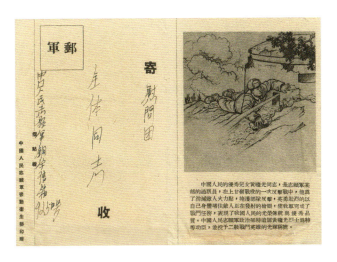

黄继光

康汉亭

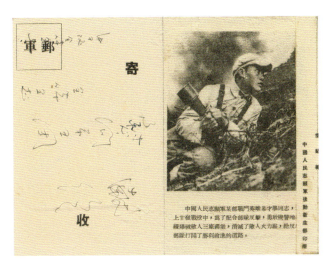

易才学

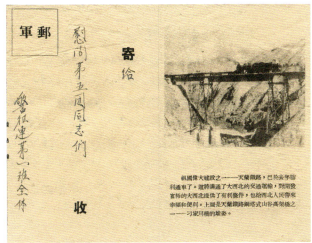

天兰铁路

绘在照明弹伞布上的英雄事迹

尺寸：纵 63 厘米，横 118 厘米

四連二班長宋長興
志，他是一個優秀的
產党員，在國內解放
爭中曾榮立一大功
小功。在這次反重
翠山战斗中，表現異
頑强，在弔藥村光時，
他撲滅敵地堡兩敵
人搏鬥，以共產党員
高貴的品質，最後拉
响手榴弹張与敵人同
歸於尽，战後追記
三等功一次。

1952 年初，美军在继续对中国人民志愿军实施"绞杀战"的同时，在朝鲜北方和中国部分地区秘密实施细菌战，以期挽救战场上的败局，增加在停战谈判中的筹码。中共中央和中央军委高度重视反细菌战斗争，积极部署志愿军防疫工作，军民联手成功粉碎了美军细菌战。

反对细菌战

尺寸：1. 信芯纵 28 厘米，横 21 厘米
　　　2. 高 55 厘米
　　　3. 纵 13 厘米，横 9 厘米
　　　4. 纵 13.2 厘米，横 9.4 厘米

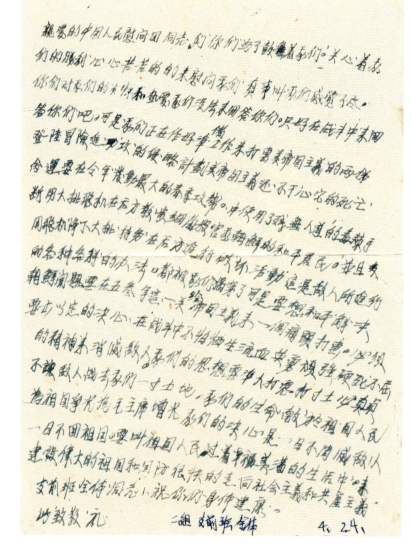

1 志愿军某部二组支前班致慰问团的信。信中提到，美帝国主义"在今年发动最大的春季攻势中使用了残（惨）无人道的毒辣手断（段），用大批飞机在后方散步（布）细菌，杀害众朝鲜的和平居民"。

2 细菌弹壳

3 反映志愿军防疫人员消毒内容的军邮

4 志愿军反细菌战宣传材料

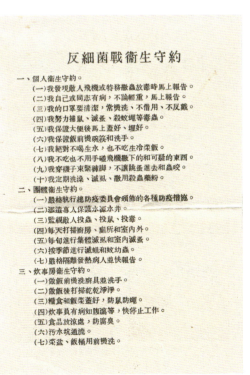

第二节

战余生活

战争的硝烟并未磨去志愿军战士生机勃勃的生命力和对美的追求。他们利用一切机会去发现美、创造美，体会生命中的每一份快乐。这是人性光辉的闪耀，也是对和平最有力的呼唤。

제 2 절

전쟁 속 여가 생활

전쟁의 포연이 젊은 지원군 병사들의 활기찬 생명력과 아름다움을 추구하는 마음을 지우지는 못했다. 그들은 모든 기회를 이용하여 아름다움을 발견하고 창조했으며, 삶의 모든 즐거움을 몸소 느꼈다. 이는 인간 본성의 밝게 빛나는 모습이자 평화에 대한 가장 힘찬 외침이었다.

Section II

Life Between Battles

Gunfire and smoke of the war did not wear away the vibrant vitality of the volunteer soldiers and their spiritual pursuit of beauty. They took every opportunity to discover, create beauty, and to experience the happy moments of life. That is the shining light of human nature and the most powerful appeal to peace.

小小礼物表心意

尺寸：1. 信芯纵 25.5 厘米，横 17.5 厘米
　　　2. 信芯纵 26 厘米，横 17.5 厘米

战士们在有限的条件下，尽一切努力向慰问团表达自己的心意：为慰问团粉刷房间，去山上摘来野花装饰房间，用松枝装饰坑道。

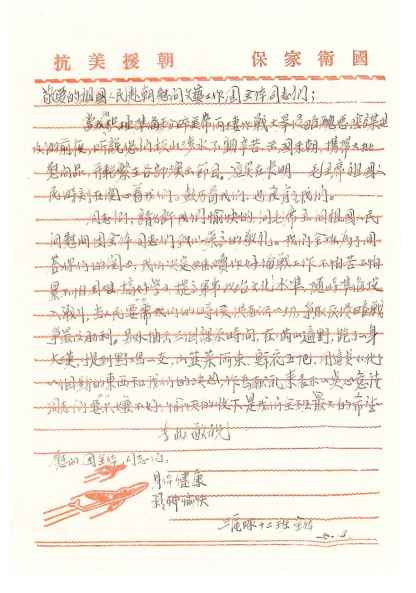

1—1　　　　　　　1—2

2-1

抗美援朝保家衛國

祖國赴朝慰問文藝工作團

敬愛的同志們——我們的親人：

你們不辞辛苦，跋涉了千山萬水，冒着敌机轰炸，來到了朝鮮前線，並将慰問我們来這裡作為光荣的節目。這種愛國主義的熱情使我們非常感動。你們带來的毛主席和祖國人民的心意，将大大地鼓舞了我們的战斗意志，促進我們的胜利決心。出國以來我們更加感到了祖國的偉大，那風未起就给我們送来了冬装，那雪剛化我們又領到了夏服。每當我們工作到最艱苦的時候，我們就想起了英明的毛主席和可愛的祖國，有这樣一個偉大的祖國在我們背後有这樣多的人來支援我們。還有什麼困难不能克服了我們還決心，每個同志都有着英雄的志望，為了毛主席為了祖國我要战斗到流盡最後一滴血。親人們，感謝毛主席的關懷，感謝祖國人民的心意，感謝你們的熱情演出，也請你們代表我回去告訴毛主席和祖國人民吧！我們全体同志，將更加努力工作，英勇地堅持战鬥。直到中朝人民完全胜利為止。

那天就听說你們要来，而且将住在我們連隊裏我們高興极了，認為这是最大的光荣。每個班都自動的把房子腾出來，找好同志畫畫，要讓親人們住。我重九班同志要求好多次把房子讓給你們住。上級照顧別人说要搬，送給鷹，他們又派了代表一再要求…並且说：我們自己露营也要把房子讓出来。上級只好答應了，他們全班一齐動手，把房子又徹底的打掃整理了三次，買實買白纸，把房子糊好的雪白的，窗上造楼窗，牆上貼畫，擺好鮮花，好圖畫特地重新作一次佈置。全隊同志也希望把打

2-2

抗美援朝保家衛國

掃整地，加以佈置並且組織了好幾次搜山肅特。我們決心要使你們看着顺快睡着舒服住着安全。我們一边准備心裡一边叨唸着：親人們快来吧！快来看一看我们的战地生活吧！

當然，由於時间火物質条件差，我們平常的置布有缺点你們看到時有差不要裡地指出来，我們將及時改進。

　　最後祝你們

身体健康

工作順利

中國人民志願軍三四大部三中隊

全体同志敬啟 1953.5.7. 朝鮮作

2-3

大自然的馈赠——挖野菜

尺寸：1. 信芯纵 26.5 厘米，横 19 厘米
　　　2. 信芯纵 21.5 厘米，横 14 厘米

战士们为慰问团挖来野菜改善生活，在给慰问团的信中详细讲述了野菜的吃法。

1-1

祖國人民文藝工作慰問團第五團全体吃们：

你们为了我们精神上的生活远自祖國各国新市及遥远北邊鸭绿江等干部人的文藝大軍老觉慰问演出这使得我们萬分的高興和光荣因你们都是各揚全国飞舞揚全世界的優秀演员我们难进亏吱现在不但能看到常香玉吱的演出就是看到她节目我比較得特别光荣他提出全场水全未到弄完的是回常香玉吱是一位最突出的爱国舍己爱国际飞的文藝战士为了捐献一架常香玉号戰斗机曾巡迴演示全国今天我们能眼与她見面更能看到她的表演這怎不使人感激呢怎怎不使人感到光荣呢？！

我们吹为了欢迎你们的到来去捕着…笔吱冒着大雨倫路手打了西個大泡像良玉吱一天挖一迠六个野菜手都扎破了他们还愉快的咖咕着没啥小又要祖國文藝工作团走路体力消耗小饭吃的營明恐怕也不怕。

親爱的祖國文藝工团吱们请你们放心请你们回去告诉毛主席全国人民放心我们正在努力的学習戰术技术政治理命如果敌人胆敢参勤冒险進攻我们的决心只有一個同朝鮮人民一块回朝鮮人民军一起洁窝一個殲滅性的反击如果它在不颖和平遛走朝鮮我们就一直制打到中朝人民完全胜利的侯为止

三中隊十一班全体吱们敬礼

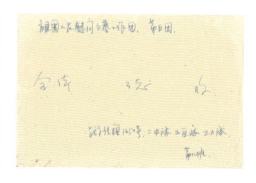

2-1

2-2

人生中的第一封信

尺寸：信芯纵 26 厘米，横 18 厘米

在"文化大建军"的号召下，战士们用快速识字法从文盲到学会了写信。这是这位战士人生中的第一封信。

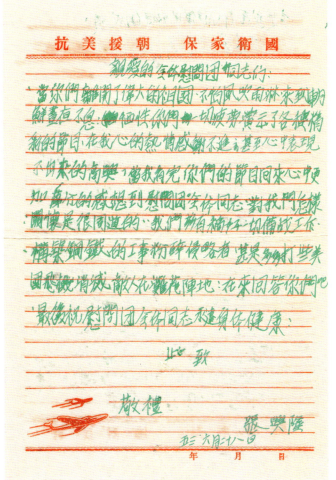

除学习以外，部队还会举办晚会。战士们"有吹口琴的，吹笛子的，拉呼（胡）琴的，打鼓打锣的，唱小调的，唱各地方的戏曲的，说快板的，说相声的……"，战余活动丰富多彩。

多才多艺

尺寸：信芯纵 28 厘米，横 20 厘米

美帝发动任何新的冒险进攻，我们保证把它消灭在朝鲜大地上，坚决捍卫住祖国的大门，坚决在朝鲜搞住敌人，为祖国人民为朝鲜人民立功立功，让祖国安心安全地建设美丽的新中国，让祖国的同胞安心生产，让祖国可爱的小朋友们安心念书，让工人老大哥们安心建设，让祖国的慈母们间建续冒烟不断的炊烟，我们有决心，今后在战斗中消灭更多的敌人，缴更多的大炮，来酬答祖国人民反慰问团全体同志对我们的爱护与支援。

再和您们谈一谈我们的部队生活，我们在阵地上记得吃，穿得暖，有雄厚的物质，雄厚的理剂，请祖国人民放心吧！安心建设吧！再说一说我们的娱乐工作，每天都有晚会有吹口琴的，拉胡子的，拉咕琴的，打鼓打锣的，唱小调的，唱各地方的戏曲的，演大板的，说相声的，打搅克的，扫光扫的，下棋的，剧小舞的，讲故事等文化娱乐，搞的热火朝天。再说一说我们的好学者，有的小日空政治军事学习，白天练石斫的提高我们的战术与技，政治同更类等领今后给人民立大功专英雄，我们的好乐观，我们的好快乐我们的情格。

真不以用什么来作比喻啊，今天我在差足位的时间里，给您们作草的多易担，可能在这案报中有很多的子不恰当的地方，因我文化程度不好，请多多谅原。此致

敬礼，

祝您们全体同志身体健康！预祝您们在祖国的建设事业上取得伟大胜利而庆贺吧！　　因组熊伯单平

志愿军战士用罐头盒和其他废料制作的乐器。

硝烟中的乐章

尺寸: 1. 长 80.7 厘米
　　　2. 长 56.6 厘米，宽 10 厘米，高 7 厘米
　　　3. 长 51.5 厘米
　　　4. 长 64 厘米

1

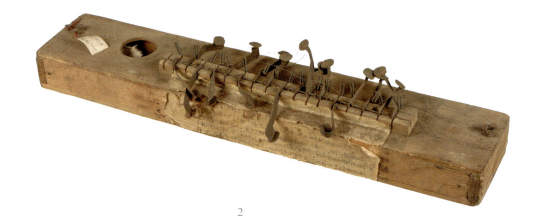

2

3

4

妙笔生花

尺寸：1. 信芯纵 17.5 厘米，横 23.5 厘米
　　　2. 纵 14 厘米，横 16.5 厘米
　　　3. 纵 27 厘米，横 39 厘米

1-1

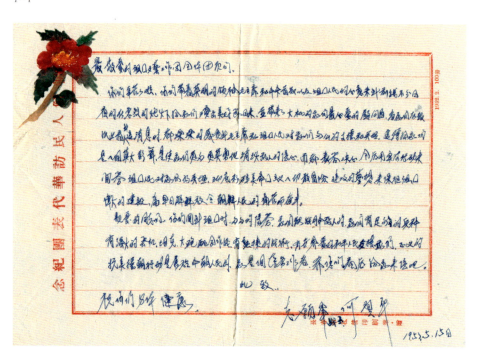

1-2

2

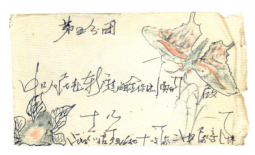

3-1

3-2

中朝两国人民之间的友谊在共同抗击侵略者的斗争中变得更加紧密与牢固。第五团在朝期间，不仅与朝鲜军民进行了热烈的联谊活动，同时还尽最大努力帮助当地的受灾群众，更进一步加强了中朝人民之间唇齿相依的亲密关系。

중국과 조선 양국 국민 간의 우정은 침략자에 공동으로 저항하는 투쟁 과정에서 더욱 긴밀하고 견고해졌다. 제5단은 조선에 머무는 동안 조선의 군민과 열렬한 우의를 다졌을 뿐만 아니라 최선을 다해 현지 이재민들을 도와주었는데, 이는 중국과 조선 양국의 국민들 사이의 상호 의존적인 친밀한 관계를 한층 더 강화시켰다.

Friendship between the people of China and North Korea has become closer and stronger during this joint struggle against the U.S. aggression. During their visit in North Korea, the fifth troupe not only engaged in various friendship activities, but also made every effort to help the local ordinary Koreans struck by the war, further strengthening the close relationship between people of the two countries.

第四单元

亲密友谊

제 4 부

돈독한 우정

Chapter IV

Close Friendship

第一节
战士的荣光

　　朝鲜军民绘出了中国人民志愿军和朝鲜人民军共同抗击敌人的画册，制作了战场上涌现的英雄人物和英雄故事的剪贴本，以此纪念用鲜血凝成的战斗友谊。

제 1 절
전사의 영광

　　조선 병사들은 중국인민지원군과 조선인민군이 함께 적에 맞서 반격하는 그림책을 그렸고, 전쟁터에 등장한 영웅적 인물과 영웅 이야기의 스크랩북으로 제작하여 피로 맺은 전우애를 기념하였다.

Section I
Glory of Soldiers

This is an album of paintings drawn by the North Korean soldiers showing the jointly fighting against the enemies. They also made scrapbooks of heroic figures that emerged on the battlefield to commemorate the war friendship bonded with blood.

画笔绘友情——朝鲜人民军第一军团第九步兵师团近卫八六联队素描画

尺寸：1. 纵 48.5 厘米，横 64 厘米
    2. 纵 54.5 厘米，横 78.5 厘米

1

2

朝鲜人民军战士手绘中朝两国人民领袖及战士们并肩作战的精彩瞬间，并在每个夹层中附信一封，感谢中国人民的支持和帮助。其中有给罗盛教父亲的感谢信件。

朝鲜近卫八十六联队二大队 "亲善相册"

尺寸：纵 19.5 厘米，横 25.5 厘米

致中国人民赴朝慰问团的同志们（摘译）

亲爱的同志们，今天在和兄弟般的中国人民志愿军的紧密协同之下，（我们）击败了美帝的武力侵犯，最终以我们的胜利签署了停战协定，值此新气象，为纪念中国人民志愿军赴朝鲜前线参战三周年，各位同志亲自访问，我们对此表示最诚挚的感谢和热烈的祝贺。……正当我们进行着艰苦斗争之时，你们派来了由优秀中华儿女组成的志愿军，与我们协同作战，将已进犯至清川以北的敌人，远远驱赶至三八线以南，不顾敌人的侵略攻势，英勇的志愿军同志们一直以生命守卫祖国的高地，他们的战斗英姿无人不知。

今天（你们）从万里之遥的中国来到这里，对此我们深表感谢，特寄去这本信集相册。

希望能将这本相册转交给给予我们全力支援的中国的父老兄弟。

今天，我们迎来了你们，我们保证，会通过同中国人民以及志愿军同志们的深厚友情和协同（作战），将敌人一个不剩地驱赶出我们祖国的疆域，我们会勇敢战斗直至祖国完全统一独立之日。

…………

近卫86连队2大队 初级□□□全体成员　敬上

致尊敬的父亲罗迭开

父亲！您在遥远的地方也没有忘记我们，今天怀着这样的心情踏上这片土地！

在孤独中涌出新的力量和勇气的这片土地！

这里也是您疼爱的儿子所在的地方！

有无辜的少年崔莹和无数的儿子所在的地方！

父亲！您一直没有忘记这片土地吧！

我有很多话想对您说。但不知为何心脏和手都在颤抖，不知从何说起！

"罗盛教"这个名字作为国际主义战士的代表，是一个我们朝鲜人民呼唤起来都倍觉珍贵的名字，也是朝中两国友谊的象征。当我每每想起罗盛教同志的时候，都会回想起，1952年正月上旬在那个村庄他牺牲自己年轻的生命挽救了少年崔莹的高洁壮举。

罗盛教同志是中国人民真正的好儿子，也是朝鲜青年的亲兄弟，是激励着我们的令人信赖的楷模，是我们前进道路上的共同目标——争取世界和平斗争中的灯塔。

父亲！虽然罗盛教同志不在了，但新的儿子崔莹和我们都在，他会永远活在我们心中。

朝鲜人民军三二一部队三大队创作的水彩画册

尺寸：纵 19 厘米，横 25 厘米

朝鲜人民军第八十三步兵联队战士的美术作品册

尺寸：纵 27.7 厘米，横 21 厘米

朝鲜野战部队制作的照片
剪贴本

尺寸：纵 19.5 厘米，横 14.5 厘米

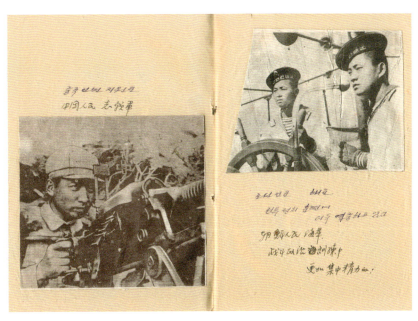

右页图片依次为：以组长张学峰（音译）同志为首的战士们展开了对敌的歼灭战，冲入敌后破坏敌人坦克两辆、汽车两辆，歼敌伤敌120名的申志浩（音译）同志及战友们在激烈战斗；天德山保卫战中，中国人民志愿军某某部队杨宝山所在中队的战士们；冲锋在前、扫荡敌人的杨宝山中队长；用手榴弹歼灭敌人的同中队的4班班长魏军同志。

中国人民志愿军长津川九分队李材中队的战士们在67号高地；穿过敌人子弹的李材同志；九分队的战士夏恩金；火箭炮射手任形正和副射手师先德。

"朝中两国人民的亲善团结万岁"剪报画册

尺寸：纵 25.5 厘米，横 19.5 厘米，厚 0.2 厘米

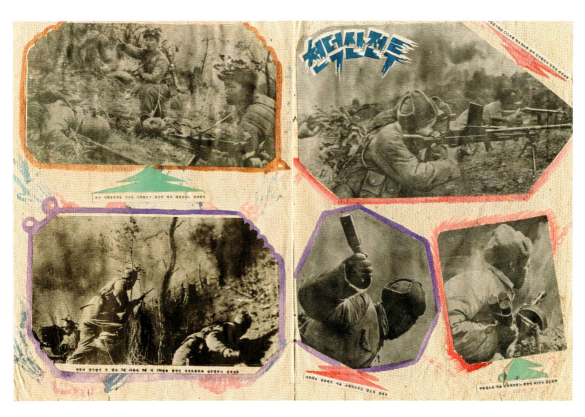

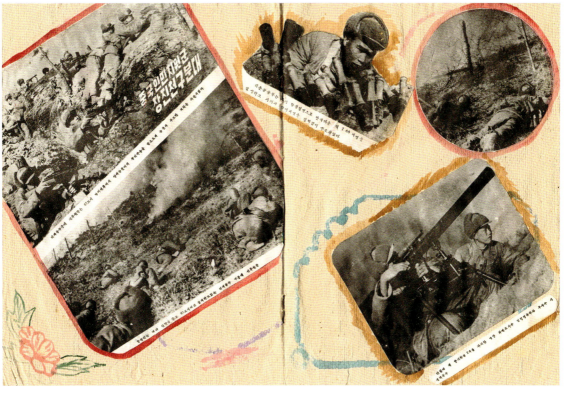

朝鲜人民军战士手绘的亲善手册

尺寸：纵 7.7 厘米，横 11.4 厘米

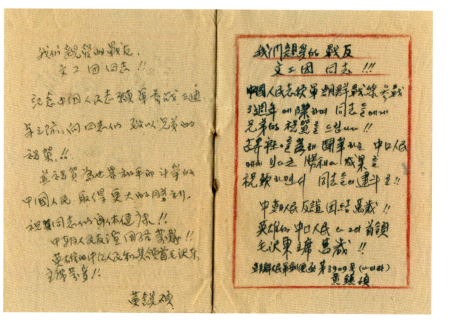

黄海道燕滩郡燕滩第一中学 "英雄相册"

尺寸：纵28厘米，横22厘米

第二节
少年的诗歌

朝鲜的少年们以真挚的情感，用画笔和诗歌抒发了对志愿军的感谢与崇拜、对侵略者的仇恨，并表示要努力学习，积极地投身于战后重建。

제 2 절
소년의 시가 (詩歌)

조선의 소년들은 지원군으로 간 형들에 대한 감사와 존경, 그리고 침략자에 대한 증오를 진지한 감정으로 그림과 시로 표현하였으며, 아울러 열심히 공부하여 전후 복구 사업에 적극 참여하겠다는 것을 표시하였다.

Section II
Poetic Letters from Korean Teenagers

With ardent feelings, young people of North Korea expressed their gratitude and admiration for the Chinese Volunteer Soldiers and their hatred to the aggressors with pictures and poems. They also expressed their readiness of studying hard and devoting themselves actively into the post-war reconstruction of their motherland.

黄海道平山郡第一中学校二年级三班写给中国少年同志的信集

尺寸：单面纵 20.5 厘米，横 15 厘米

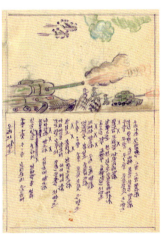

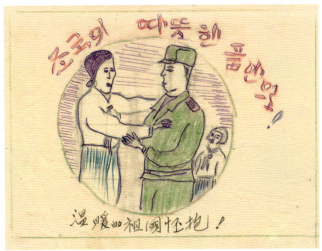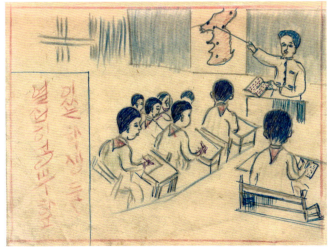

（摘译）

中国少先队的朋友们，你们好。

感谢你们的惦念，在祖国战争的残酷炮火中，我们少年团为了反对美帝，以笔作为武器，珍惜分秒，努力学习，并且发誓做好准备，随时响应同志的召唤参加战斗。同志们用鲜血的代价抗美援朝，参加我们的祖国解放战争……我们希望和中国少先队朋友们一起携手前进。

…………

平山郡第一中学校 二年级三班

1953 年 10 月 19 日

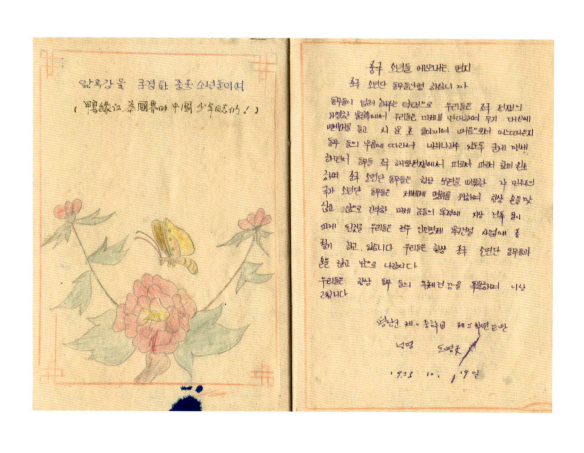

两副肩膀（摘译）

左边的志愿军，右边的人民军，脚步一致，一、二，两副肩膀挽着，咧嘴笑着，街上的人不知不觉也都被他们感染了。朝鲜话、中国话，带着笑比画着，兴致勃勃的两位大哥哥，看到我们也笑眯眯的两位大哥哥。

显示出两位大哥哥在粉碎朝中两国人民共同敌人的战斗中结下的温暖情谊。在前线英勇战斗的两位勇士，亲密无间，迈着雄赳赳的步伐……

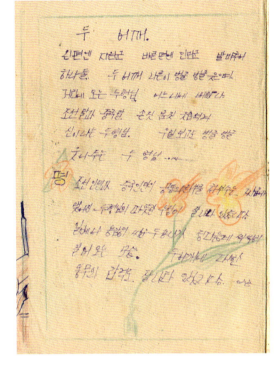

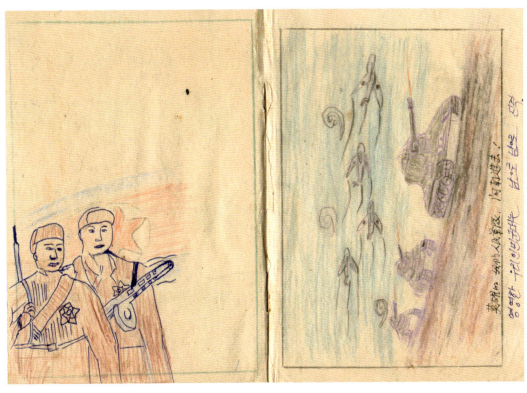

给中国少先队（摘译）

中国少先队的朋友们，你们也在努力提高学业成绩吧！正如你们所知，我们朝鲜在和美帝的斗争中取得了胜利，我们也在忙于朝鲜的少年团生活和少年团工作，努力提高学习成绩，并且也投身于朝鲜人民的任务——恢复战后人民经济建设的工作当中。

…………

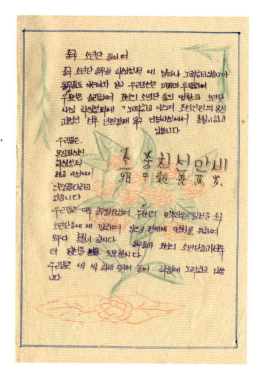

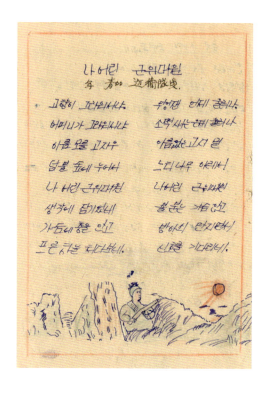

年青的近卫队员

思念故乡吗，猫头鹰何时鸣叫

想念妈妈吗，红角鸮何时啼叫

在无名的高地上，在无名的高地下

卧在草丛中，在山毛榉树下

年青的近卫队员，年青的近卫队员

凝思屏息，按捺着胸中的怒火

怀抱着钢枪，手指搭着扳机

仰望着天空，等待着信号

英雄银燕（摘译）

…………

我的银燕，英雄银燕

是复仇的飞机

朝着南方的天空

喷射熊熊火焰

…………

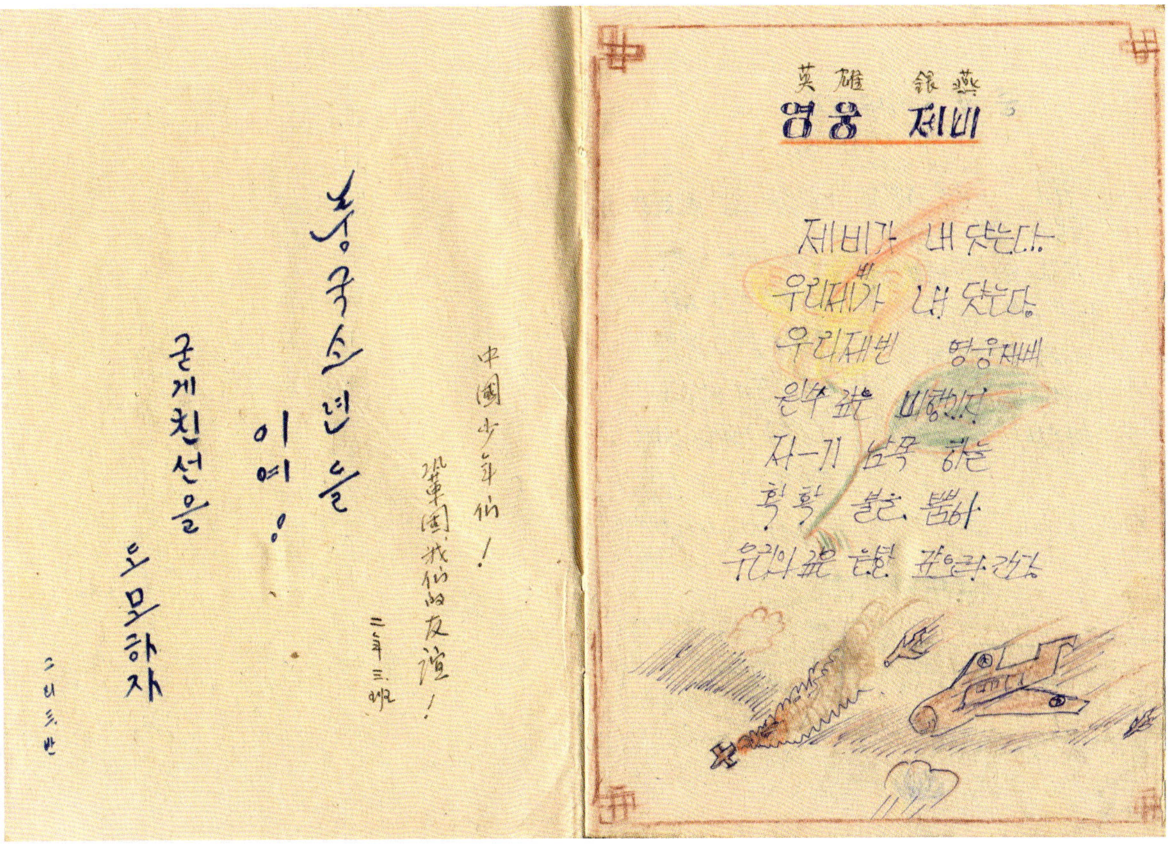

（摘译）

致亲爱的中国中学生们：

…………

在我们的祖国危难之时，（你们）高举着抗美援朝的光荣旗帜，为了全世界的和平，风一样地来到这里拯救我们的人民！

新中国的儿女用神圣的国际主义思想武装自己，是将毛泽东主席教导贯彻到底的英勇使者。

在过去三年的时间里，朝鲜人民军和中国人民志愿军并肩作战，在前线获得了无数的胜利。中国人民真心实意地声援朝鲜人民的深情厚谊，也让朝鲜人民更加英勇无畏。

现在，战争胜利的伟大旗帜和抗美援朝的胜利旗帜一同在碧空飘扬。

…………

亲爱的中国中学生朋友们！

我们在抗美援朝的伟大旗帜下，在崇高的国际主义信念下，加强友谊，为了朝中两国和全世界的永久和平紧紧团结在一起。

平山郡第一中学第七分团

所见的一切都让我愤怒，在将美国强盗粉碎之前，我不会回到祖国。

——摘自为了拯救落水的朝鲜少年，献出自己宝贵生命的国际主义战士罗盛教大哥哥的"抗美日志"

第七分团 李炳基 写

黄海道平山郡第一中学校三年级四班写给中国中学生们的"友谊的信"

尺寸：单面纵 21 厘米，横 15 厘米

그리하여 전쟁승리의 위대한 기빨이 항미원조의
승리한 기빨과 더부러 푸른 하늘에 나붓기는 이때,
친애하는 중국의 중학생 동무들이여!

우리는 우리의 수령 김일성 원수의 모든 힘은 만약
가지 강화를 위한 전후 인민경제 복구 발전에도,
라고 명령하신 호소를 받들어 우리들의 학교는
우리들의 손으로 라는 근호밑에 학교로 복구 함으로써
우리들의 배움의 전당을 세웠습니다.

그리하여 온갖 힘은 새조선을 위하여 항상 배우며
준비하고 있습니다.

친애하는 중국의 중학생 동무들이여!

우리는 항미 원조의 위대한 기빨밑에 숭고한
국제주의 사상밑에 우리의 공고한 친선을 도모
하며 철석같은 단분은 우리 조중 량국으로 하여금
전세계의 명랑한 평화를 쟁취할것입니다.

　　　　평산군 제1 중학교
　　　　　　　제7 분단

　　　　　　　　　13부

「보이는 천마다　　모두가 나의 분을
터뜨렸다
미국 강도놈들을　　때려 부시기 전에는
내조국으로　　　돌아가지　　않으리라.」

　물에 빠진 조선 소년의　　한목숨을
　구하기 위하여 고귀한 청춘을 버린
　국제주의 렬사 라성교 형님의
　「항미 일기에」 적힌 한부절

　　　제7분단.
　　　　리형기 씀

（摘译）

寄来这封信：

…………

丰收波浪起伏的田野上

用鲜血结成的友谊之国

歌颂着伟大的中国

像是回应着扬子江的涛声

寄来这封饱含真诚的信

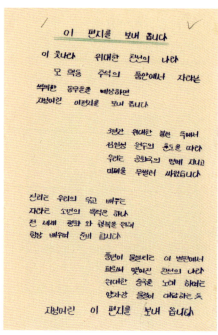

中国人民是酷爱和平的

我们以前一向要和平，我们今后永远要和平。

我们要中国的和平，我们要亚洲的和平，我们要全世界全人类的持久和平。

我们主张朝鲜问题应当以和平的方式来解决，帝国主义者的侵略军应当从朝鲜撤回去。

中国共产党和民主党派联合发表抗美援朝宣言

闵铉基（音译）

黄海道燕滩郡纪念手册（1953）

黄海道燕滩郡纪念手册（1953）
（其一）

尺寸：单面纵 11.5 厘米，横 8 厘米

　　美帝的武力侵略者在前线和后方野蛮地使用细菌武器，但是我们通过彻底的环境清扫运动和保持身边卫生，粉碎了敌人野蛮的细菌战。

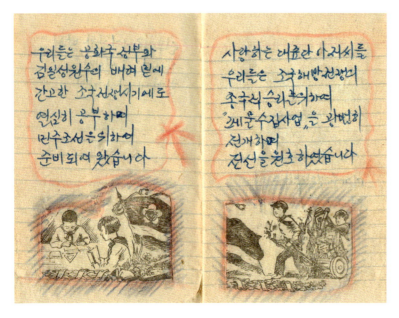

　　亲爱的代表团叔叔们，为了我们祖国解放战争的最终胜利，（我们）广泛开展"回收废品运动"，以此来支援前线。

黄海道燕滩郡纪念手册（1953）
（其二）

尺寸：单面纵 11.5 厘米，横 8 厘米

童谣	少年诗（摘译）
我要成为一名英雄	歌声啊，飞翔吧
我要我要成为	这个清晨
成为一名英雄	乘着春风
大家都美慕的	翩翩向南飞去吧
努力的英雄	那是哪里啊
我呀我呀听说过	我们战士战斗的地方
英雄姐姐们的故事	歌声啊，飞翔吧
我要我要成为	…………
成为努力的英雄	将孩子们炽热的心
我呀我呀下定决心	通过歌声传递
成为一名英雄	这个清晨
学习学习更加努力	孩子们举起手
成为模范团员	将荣光献给
	我们钢铁般的人民军

黄海道燕滩郡纪念手册（1953）（其三）

尺寸：单面纵 11.5 厘米，横 8 厘米

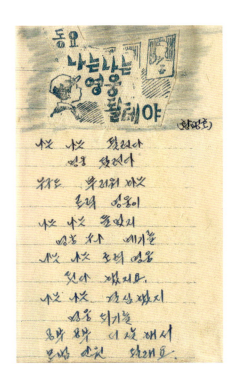
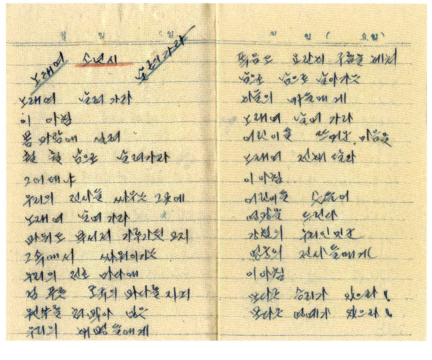

黄海道燕滩郡纪念手册（1953）
（其四）

尺寸：单面纵 11.5 厘米，横 8 厘米

（摘译）

挺身而出吧！同志们！

高中二年纪 崔远三（音译）

············

黄莺的啼鸣消失

已经很久了

阳光明亮的窗下

春花

一片片生长

开心的笑容常常

如花般绽放

挺身而出吧同志们！

············

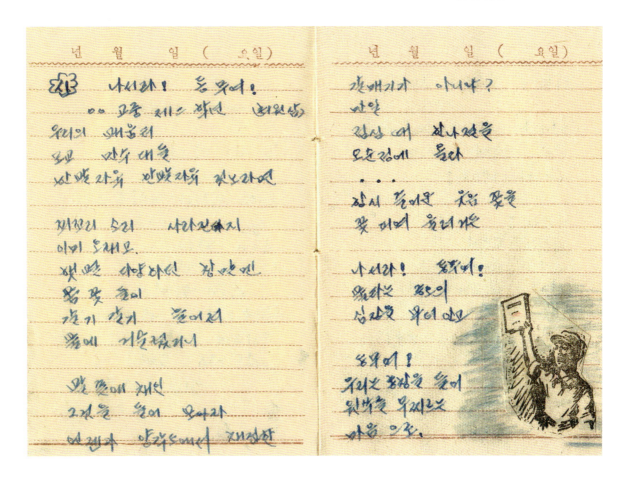

通过学习向前冲

如果和敌人遭遇

就用署下前线请愿之名的

前辈们的笔！

挺身而出吧同志们！

带着一颗燃烧着愤怒的心

投入到学习的战斗当中！

                1953 年 2 月

致朝鲜访问中国人民代表团

             （朝鲜少年团）

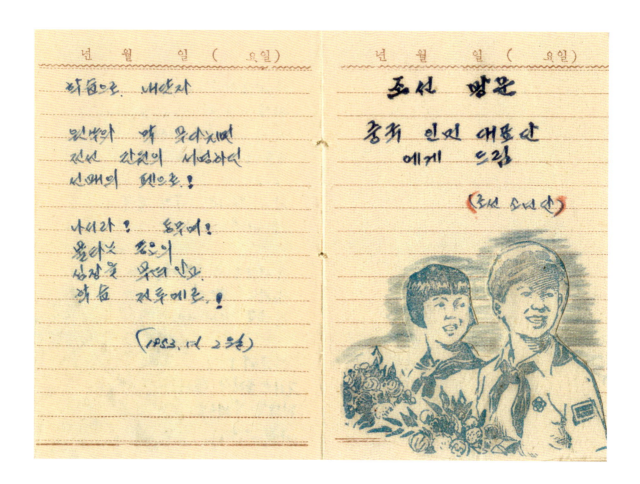

黄海道燕滩郡纪念手册（1953）
（其五）

尺寸：单面纵 11.5 厘米，横 8 厘米

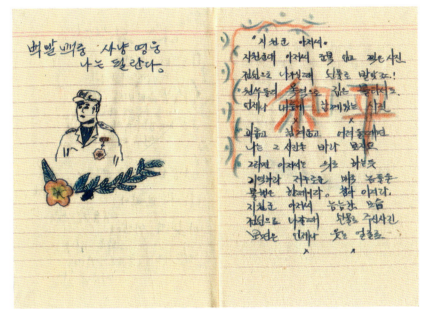

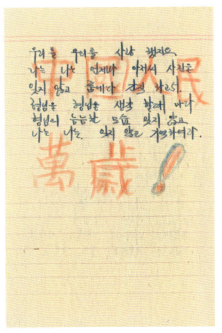

我要成为百发百中的射击英雄

志愿军叔叔

志愿军叔叔穿着军服拍的照片

在奔赴前线时作为礼物送给了我

哪怕被敌人的炮击烧毁了家园

也一直藏在我怀中的照片

孤独、疲惫、困难的时候

我就看着照片

就像得到了叔叔们的安慰

记住吧，该死的美国佬

不幸是暂时的，忍耐吧，战胜它！

志愿军叔叔威风凛凛的模样

他们奔赴前线时送给我的照片

看着照片上任何时候都一直微笑着的脸庞

关爱着我们

无论何时将叔叔们的照片放在怀中珍藏

每每想起大哥哥们的时候

都不忘他们威风凛凛的模样

我会一直铭记不忘

关爱着我们

无论何时我都不忘

将叔叔的照片放在怀中珍藏

每每想起大哥哥们的时候

都不忘他们威风凛凛的模样

我会一直铭记不忘

为了祖国的牺牲（摘译）

勇猛的战士倒在大地上
只有原野上密密麻麻的尸体
冲出去的他们已无法再归来
离去的他们也已无法再回还
为了他们大地也都阴沉了吧
平坦的道路也都消失渺茫了吧
但他们没有放下手中的刀
没有丢下祖国的弓
哪怕悲惨地倒下成为一具尸体
魂魄也不会在怨恨中哭泣
…………

他们的意志永存千载
怀着壮志牺牲的他们
是我们永垂不朽的英雄！

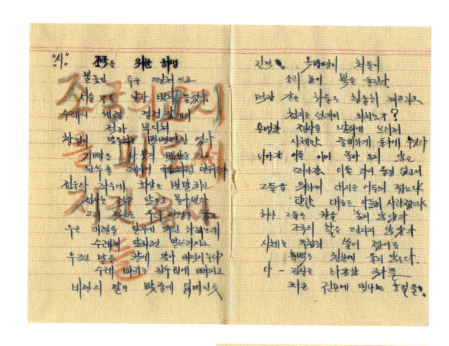

黄海道燕滩郡纪念手册（1953）
（其六）

尺寸：单面纵 11.5 厘米，横 8 厘米

童谣：红色手册（摘译）

我正在准备考试

志愿军叔叔拿着红色手册来到我的房间

…………

将红色手册作为礼物送给了我

在即将到来的考试中

努力学习

成为第一

我（向叔叔）坚决保证！

流着高贵的鲜血前进的中国人民志愿军

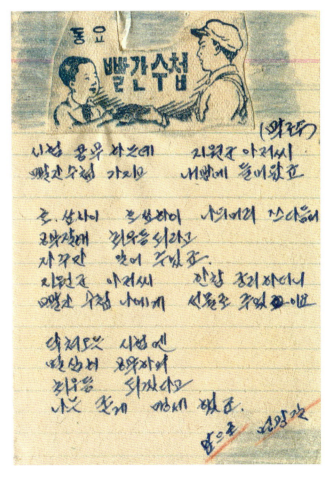

黄海道燕滩郡纪念手册（1953）（其七）

尺寸：单面纵 11.5 厘米，横 8 厘米

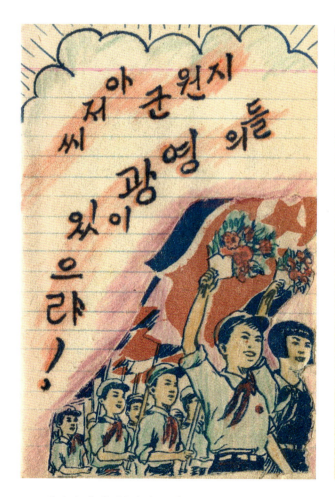

荣光与志愿军叔叔们同在

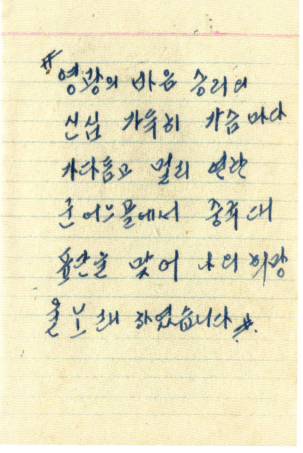

胸中充满荣光，充满胜利的信念，按捺住这一颗颗心，在燕滩郡的某个山谷迎来了中国代表团，歌唱我的希望。

黄海道燕滩郡纪念手册（1953）
（其八）

尺寸：单面纵 11.5 厘米，横 8 厘米

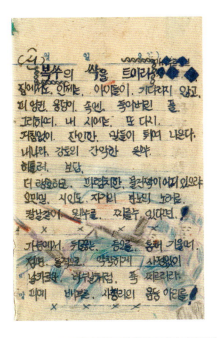

长出复仇的萌芽（摘译）

家中已无孩子在等待

小草枯死在沾满血的水洼

…………

少年用纤细的手把凋零的小小的洋绣球花簇

紧紧抱在怀中归来

夜的恐怖将他们驱赶出城市

他们的背后有熊熊火焰在燃烧

在泉水旁弯着腰的青年

蓦然看到了自己的白发

他只不过是一个二十岁的青年

他对着草丛中的泉水盟誓

要把朝着东边涌来的敌人们

无情地惩罚

也许他在战斗中无比残忍

但又有谁能责备他？

黄海道燕滩郡纪念手册（1953）
（其九）

尺寸：单面纵 11.5 厘米，横 8 厘米

（摘译）

我希望这片土地上拥有和平

宁静的江边有一所小学

它旁边的住宅亮着的窗户

…………

孩子们开心地拥抱

…………

太阳在他们头上笑盈盈

亮晃晃地照耀着小山上的花草

各家里年幼的

女儿和儿子

在新学校相处融洽

只有一件事

我希望

再没有战争

这可爱的黑头发的孩子

能够好好长大

…………

我希望

这片土地上拥有和平

在光明的阳光之下！

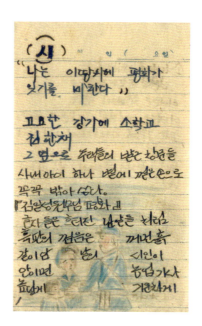

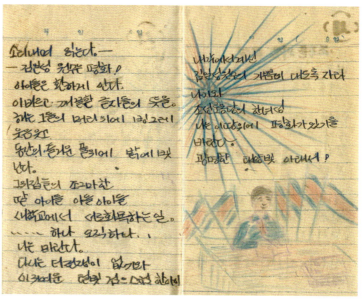

黄海道燕滩郡纪念手册（1953）
（其十）

尺寸：单面纵 11.5 厘米，横 8 厘米

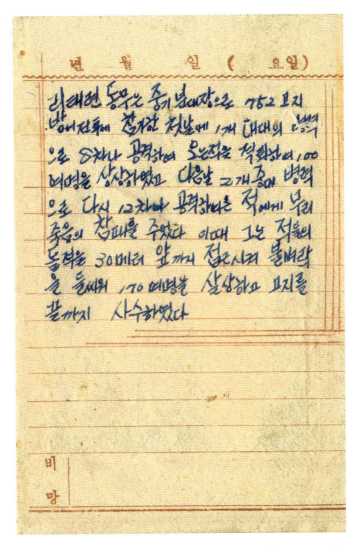

　　李泰连（音译）同志作为重机枪分队长参加了 752 高地保卫战。第一天以一个大队的兵力击退了敌人的 8 轮攻击，击毙击伤敌人 100 余人，第二天以 2 个中队的兵力击败了敌人的 12 轮攻击。

（摘译）

裴炳旭（音译）同志作为政治部中队长参加了原州、黄城（横城）战斗，特别是在中林山脉的战斗中，他作为代理中队长，在飞机和重型坦克的掩护下，以一个大队的兵力击退了敌人的7轮进犯，击毙击伤敌人350余人。

他在为期50天的激烈战斗中，击毙击伤、俘虏敌军700余人，缴获、破坏重机枪6门、狙击武器51挺，一人击毙、击伤、俘获包括50余名美军在内的敌军共107名。

영웅 배병욱

黄海道燕滩郡纪念手册（1953）
（其十一）

尺寸：单面纵 12.5 厘米，横 8.5 厘米

（摘译）

…………

敌人最终还是将肮脏的脚步

踏上我们的国土

兄弟般的志愿军英勇战斗

将敌人赶走

志愿军和人民军再次向南

…………

以胜利和荣耀之名

挺身而出！重建吧！

这都是托了谁的福呢？

오래 전부터 조선의 기회를 엿보던.

야수같던. 미국 놈

인민군의 습격에 당황하여

인민군은 남으로. 남으로----

　　　　x

놈들은 드디어 더러운 말을.

옮기여 놓았다 북으로

형제적인 지원군 용감히 싸워

그들은 쫓겨왔다.

지원군과 인민군 다시 남으로.

　x　　　　x

할수 없이 미제는 손을 들겠다

놈들은 많은 손해와 수치를 당하며

할수 없이 인민앞 심판 받을

날이　　가까워왔을

　x

매일. 덤비든. 놈들의 비척

오늘은 어디간나. 소식도 없네

　　x

복수하자 미제놈들의 반항을에

오늘은 드천리에 평화의 기치

평화는 봉마다 불기둥 높이

　　x

일어나라. 나서라. 건설에로.

복구하자 세우자. 우리의 경제

김일성 원수의 교지 받들고.

모두다. 일어나라 건설 사업에

김일성 원수는 언제나 우리

들을. 가르치 신다

　　x　　　　x

승리와 영광의 그이름 받들어

나가자 복구하자.

건설하자 승리하자

黄海道燕滩郡纪念手册（1953）
（其十二）

尺寸：单面纵 12.5 厘米，横 8.5 厘米

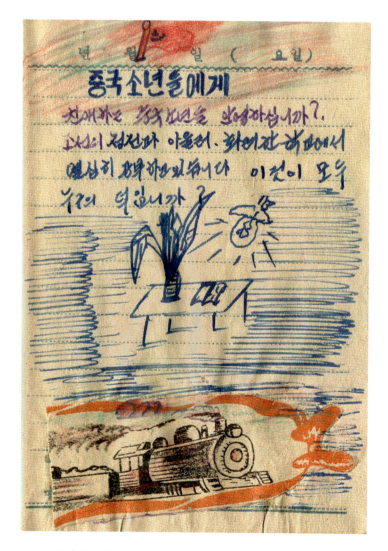

致中国少年：

　　亲爱的中国少年们，你们好！朝鲜停战后，我们在条件很好的学校学习，这都是多亏了谁呢？！

黄海道燕滩郡纪念手册（1953）
（其十三）

尺寸：单面纵 12.5 厘米，横 8.5 厘米

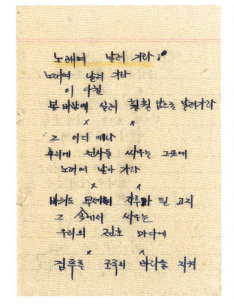
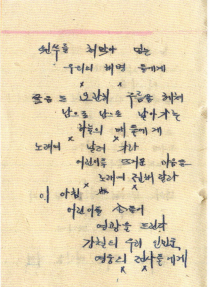
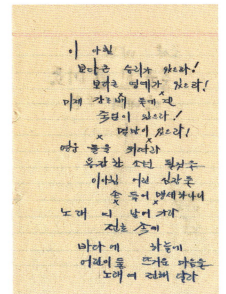
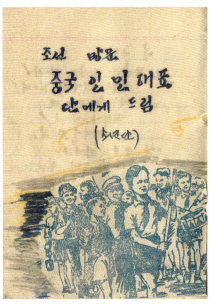

（摘译）

歌声啊，飞翔吧

歌声啊，飞翔吧

这个早晨

乘着春风

翩翩向南飞去吧

…………

跟随英雄的脚步

成为勇敢的少年

这个早晨稚嫩的心脏

举起手说出誓言

…………

歌声啊，飞翔吧

向着战壕里

向着大海和天空

将孩子们炽热的心

通过歌声传递

献给来访朝鲜的中国人民代表团

（少年团）

黄海道燕滩郡纪念手册（1953）
（其十四）

尺寸：单面纵 11.5 厘米，横 8 厘米

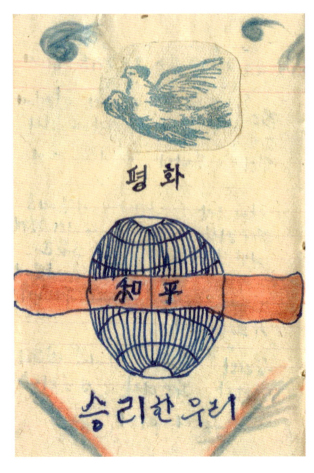

和平胜利的我们

坚守祖国蓝天的雄鹰

黄海道燕滩郡纪念手册（1953）
（其十五）

尺寸：单面纵 11.5 厘米，横 8.5 厘米

　　今天和同志们相聚一堂，对近来形势下的各项事业进行讨论，进一步加强朝、中、苏之间的亲善团结。

黄海道燕滩郡纪念手册（1953）
（其十六）

尺寸：单面纵 11.5 厘米，横 8.5 厘米

胜利

为了世界和平！

黄海道燕滩郡纪念手册（1953）
（其十七）

尺寸：单面纵 11.5 厘米，横 8.5 厘米

用鲜血结成的友谊

黄海道燕滩郡燕滩第六初中纪念手册

尺寸：单面纵 12.5 厘米，横 8 厘米

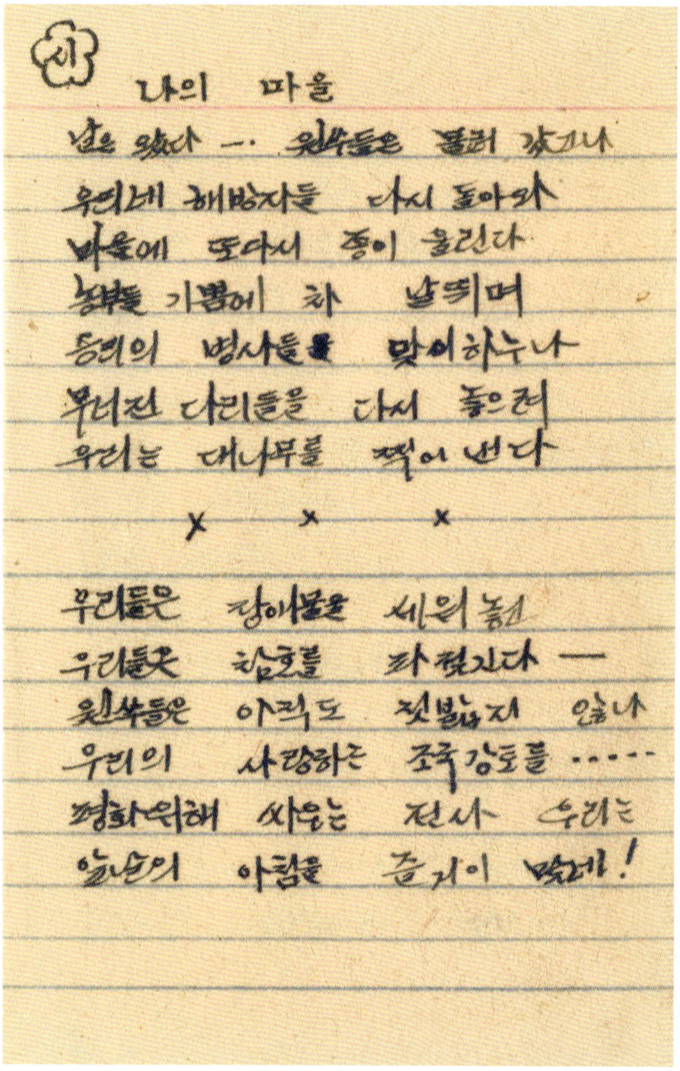

我们深爱的祖国的疆土

村庄重新响起了钟声

农夫们开心地奔走

迎接胜利的士兵们

重新架起倒塌的桥梁

…………

我们所爱的祖国的疆土

…………

为和平而战的战士

我们愉快地迎接未来的清晨

黄海道燕滩郡燕滩第二中学校纪念朝鲜访问画册（1953）

尺寸：单面纵 30.3 厘米，横 27.6 厘米

纪念朝鲜访问画册 燕滩第二中学校 1953

抗美援朝，保家卫国。志愿军投入到为了打退共同的仇敌美帝而进行的神圣的战争当中。

庆祝光荣的胜利，用鲜血结下永久友谊的青年们会师了。

燕滩四中第一分哨"亲善手册"（1953）

尺寸：单面纵 11.4 厘米，横 7.7 厘米

将永垂不朽的光荣献给中国人民志愿军大哥哥们！

燕滩四中三年级 李起言（音译）

将永垂不朽的光荣献给高举抗美援朝保家卫国的旗帜，奋发学习的中国学生们。

燕滩四中三年级 全体女生

黄海道燕滩四中三年级：

（右）池元燮、（中）金政民、（左）金柱英

长丰中学纪念手册

尺寸：单面纵 12 厘米，横 9.5 厘米

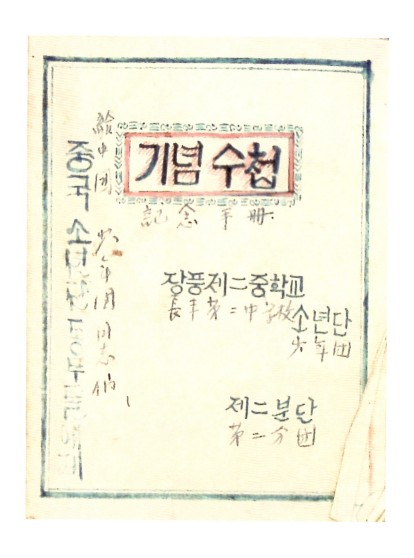

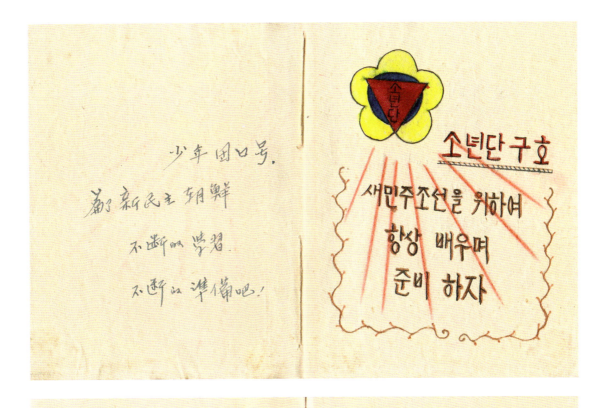

少年团口号.

為了 新民主 朝鲜

不断的 学習.

不断的 準備吧!

少年团 誓約文,

我是 朝鲜的 少年团员

向同志们面前宣誓

我 跟着 金日成元帅. 為了

成為 新國家 优秀的 新人

物而努力学習.

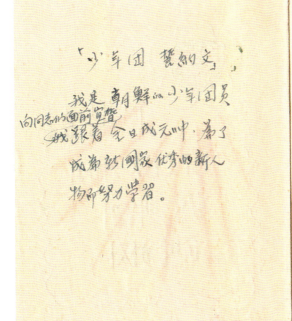

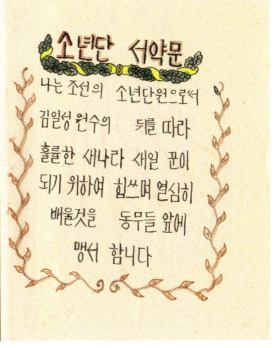

特别的纪念

　　朝鲜战士们用炮弹壳精心制作出墨水盒、烟灰缸、插花筒，并作为礼物送给中国人民赴朝慰问团，体现出两国军民在共同抗击敌人的战争中结下的深厚友情。

제 3 절

특별한 기념

　　조선 병사들은 포탄 껍데기로 잉크 카트리지와 재떨이, 화병을 정성껏 만들어 중국인민위문단에 선물하였는데, 이는 양국 군민이 함께 적에 맞서 반격하는 전쟁에서 맺은 깊은 우정을 구현했다.

Section III

Special Souvenirs

Ink-bottles, ashtrays and flower vases made with cannon shells by North Korean soldiers were gifts sent to the Chinese consolation troupe. They are also incarnation of the profound friendship bonded during the war between the people and the army of the two countries.

朝鲜人民军的礼物

尺寸：1. 高 9.5—11 厘米，底径 8.2 厘米

2. 高 13.5 厘米，直径 23.2 厘米

3. 高 10 厘米，边长 13 厘米

4. 底盘边长 16 厘米

5. 高 23 厘米，底径 13 厘米

6. 高 23 厘米，底径 9 厘米

7. 高 18 厘米，口径 5 厘米

8. 长 14.2 厘米，宽 12.3 厘米，高 19.8 厘米

9. 长 15.2 厘米，宽 12.2 厘米，高 23.6 厘米

10. 高 15.5 厘米，底径 19 厘米

1

2

3

4

5

6

7

8

9

10

浓浓的情谊

朝鲜妇女将精心绣制的绣品以及家藏的银戒指、铜碗筷送给中国人民赴朝慰问团，体现出我志愿军战士与慰问团和朝鲜人民良好的关系。

제 4 절

두터운 정의

조선의 부녀자들이 정성껏 만든 자수품과 집에서 소장하고 있던 은반지와 놋그릇, 놋수저를 중국부조위문단에 보냈는데, 이는 중국 지원군 장병과 위문단이 조선인민들과 좋은 군민 관계에 있었음을 보여준다.

Section IV
Friendly Sentiments

Korean women made delicate embroideries and donated their silver rings, copper bowls and chopsticks as gifts to the artists of the fifth troupe, reflecting the good military and civilian relations between the Chinese volunteer soldiers, Chinese artists and the North Korean people.

黄海道载宁郡女盟赠送的铜（银）勺、铜（银）筷及餐具袋

尺寸：勺长 18.5—22 厘米，
　　　筷长 18.7—19.5 厘米
　　　餐具袋纵 28—38.5 厘米，横 9—11 厘米

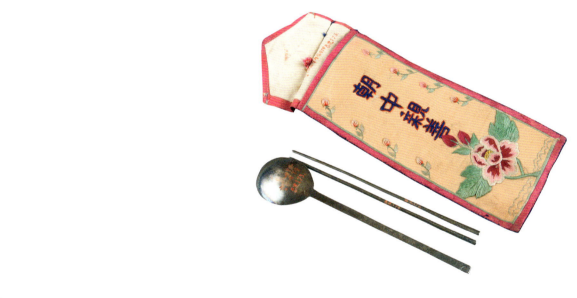

朝鲜人民赠送的慰问手袋

尺寸：纵 10—20 厘米，横 8—18 厘米

朝鲜人民赠送的线钩背心

尺寸：纵 55 厘米，横 39—42.5 厘米

朝鲜人民赠送的绣花桌布

尺寸：1. 长 105 厘米，宽 125 厘米
2. 长 134 厘米，宽 130 厘米

1

2

朝鲜人民赠送的绣花垫子

尺寸：长 51—56 厘米，宽 51—56 厘米

朝鲜人民赠送的绣花枕顶

尺寸：单面长 13.7 厘米，宽 13.7 厘米

朝鲜人民赠送的戒指

尺寸：直径 1.8 厘米—3 厘米

朝鲜人民赠赴朝慰问团的烟斗

尺寸：1. 长65厘米，口径2.5厘米
　　　2. 长55厘米，口径2.1厘米

1

2

朝鲜人民及人民军赠送的铜碗

尺寸：高 6.5—12 厘米，口径 12—16 厘米

期盼和平的"六一"国际儿童节

尺寸：信芯纵 14—21 厘米，横 15—28 厘米

　　慰问团到达朝鲜著名的城市开城时，正值"六一"国际儿童节，朝鲜当地的少年儿童和慰问团的少年团员一起进行了献花献礼的联欢活动。朝鲜小朋友给中国儿童赠送了自己制作的人偶、小旗子、小手帕，还给慰问团写了二十几封信，信上用彩色铅笔绘制了花朵、和平鸽、五角星、朝鲜著名建筑解放碑等图案，表达了期盼和平的美好愿望。

（摘译）

亲爱的中国少先队伙伴们：

…………

　　我们最近为了能够完成祖国和人民给我们的考题，争取获得5级的成绩而努力着。"六一"节的时候我们去了市剧院和中国少先队的伙伴们手拉着手愉快地玩耍。

（摘译）

朝中少年团亲善团结万岁！万岁！万岁！

朝鲜少年致中国伙伴：

⋯⋯⋯⋯

我们正在准备度过一个有意义的"六一"节。中国青少年和志愿军叔叔来到这里，和我们德岩人民学校少年团的伙伴们愉快地玩耍并拍照，度过了快乐的时光！

⋯⋯⋯⋯

希望收到这封信的伙伴们一定要专心于学业，在国家毕业考试中争取获得好成绩，最后期待能收到你们的回信，希望你们都身体健康。

永远的握手

1953 年 6 月 12 日

朝鲜京畿道开城市德岩人民学校

5 年级 2 班

金京子

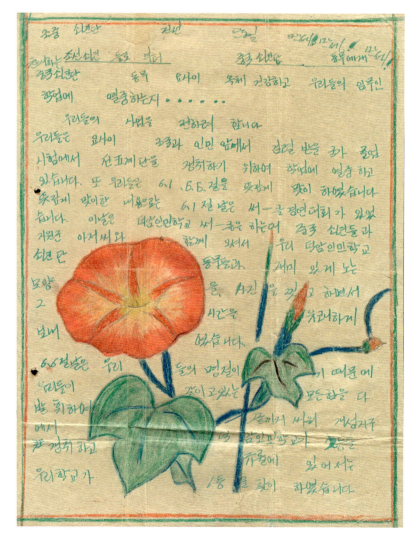

그리하여 좋은 상을 받아 왔습니다
그리고 또 국가 졸업시험을 앞두고 학교에서 재미있는 공부하고
집에 돌아가서 식사를 한다음 소년단에가서
모르는 것은 서로 묻고 아는 것은 서로 가르치고
하면서 재미있게 공부하고 있습니다
그리고 중국 소년단 동무 들이 보내준 기념품과
위문 편지를 받아 보았습니다
이리하여 ~~이편지를~~ 이편지를 받아 보고 감격에 넘쳐
이편지를 쓰던 것입니다
친애하는 중국소년단 동무 동무 들에게 마지막으로
부탁을 하고자 합니다 동무들은 이편지를 받는
동무는 학업에 열중하고 국가졸업시험에서
전 과제 단을 정리하고 끝으로 답장을 하기를
바라면서 동무 의 육체 건강하기를
축복하면서 펜을 놓습니다

영원한 악수

1953. 6. 12.

조선 경기도 개성시 [illegible] 학교 [illegible] 二반 金京子 김경자.

致中国少年（摘译）

伙伴们，最近红色的金达莱花和迎春花已经开始凋谢了。

你们应该正在和平安定的地方努力学习吧？

我们真的十分感谢，因为有你们的兄长们来到朝鲜帮助我们努力作战，我们才能够安稳地学习。

…………

谢谢你们寄来这么多的慰问品和学习用品……

1953 年 5 月 16 日

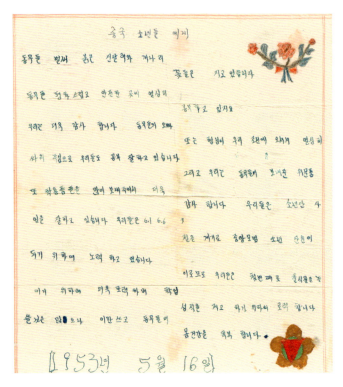

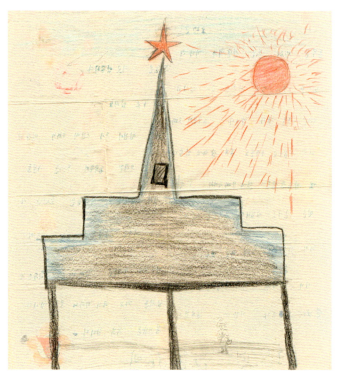

（摘译）

志愿军叔叔：

在前线英勇战斗的志愿军叔叔们，多亏有你们为了我们的国家和人民，从遥远的中国来到这里，我们才能够像现在这样，在祖国战争时期也能够继续学业。

在美帝野蛮的炮击之下，所有的建筑都付之一炬。多亏了解放军叔叔们把开城地区从美帝国主义的手中解放出来，我们才能够自由自在地参加少年团的活动和学习。能在这样和平的环境中迎来我们的节日"六一"节和"六六"节，真是十分开心……

1953 年 5 月 18 日（周一）

开城满月人民学校 5 年级 朴顺卓（音译）敬上

（摘译）

中国少年朋友们！

……………

岁月如流水，不知何时，生命萌动的春天已过，已经到了闷热的夏天。

我们的生活日益朝着幸福迈进。

我在山果开花、云雀歌唱的一处美丽树荫下，沉浸在对你们的想念当中，想象着你们过着怎样的生活，想着辽阔的中国，想着朋友们和中国人民志愿军，写下了这封信。

远在异国令人思念的朋友们啊！

朋友们，我们为了歼灭美帝都是奋不顾身。人民军和志愿军直接拿起武器投入到歼灭仇敌的战斗中，在"哪怕（多）造一辆飞机坦克！"的口号下，劳动者今天也高呼着万岁。农民们"为了祖国解放战争的胜利哪怕（多）打一粒粮食！"的口号像一股热潮席卷。实物税的歌声也更加嘹亮。

……………

我们在学习时会互相探讨，相互解答。

还有特别是文学课时，我们学习了罗盛教烈士的事迹，他为了救朝鲜少年把生命献给了这片土地。

……………

中国少年朋友们！

6月25日是反美帝斗争的日子，也是全世界人民和平的纪念日。

我们期待着那一天的到来，向朋友们郑重拜托。

希望你们和我们在学业上相互竞争，努力开展社团活动。

希望朝中人民互相团结，中国少年和朝鲜少年相互亲善团结。

祝你们获得荣耀，向你们送上永久友谊的握手！

1953年6月11日 开城市初级中学

1年级8班 闵顺实（音译）

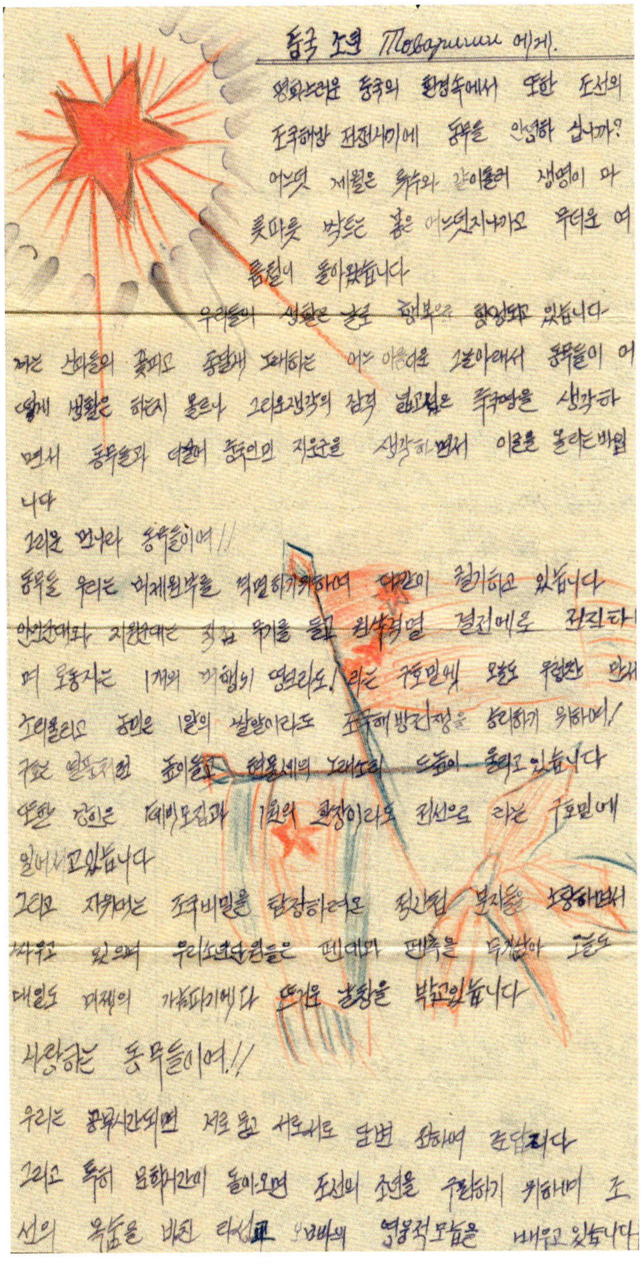

중국 소년 Товарищ 에게.

평화로운 중국의 환경속에서 또한 조선의
조국해방 전쟁속에서 몸을 안녕하십니까?

...

그리운 벗이라 동무들이여!!

...

사랑하는 동무들이여!!

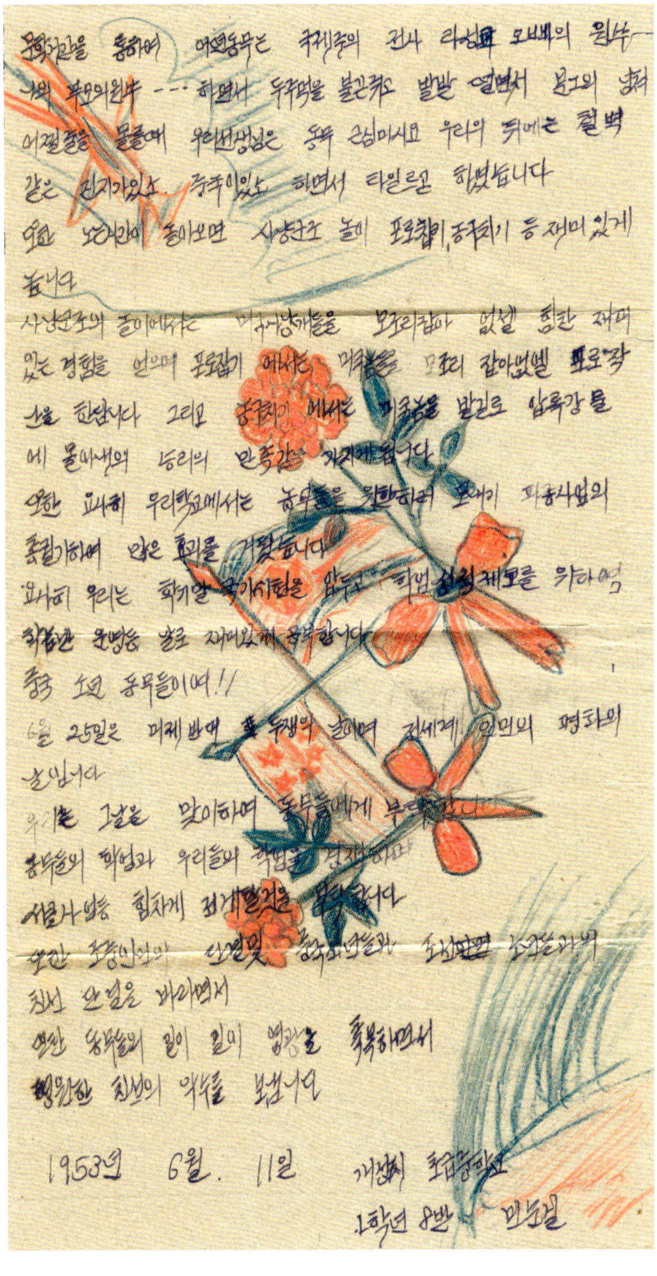

...

중국 소년 동무들이여!!

6월 25일로 미제 반대 투쟁이 높으며 전세계 인민의 평화의
...

1953년 6월. 11일

1학년 8반

（摘译）

　　这里在不久以后，应该也会变得像你们生活的地方一样和平。等待和平来临之时，我们希望能和你们紧紧地牵着手，在美丽的花园中尽情嬉戏。期待那一天的到来，祝你们身体健康，希望收到你们快乐幸福生活的消息。

开城高丽人民学校　第7分团

第五节

崇高的荣耀

　　中国人民在朝鲜战争期间给予朝鲜军事和经济上无私的帮助，体现出了崇高的国际主义精神，获得了朝鲜内阁副首相和民众的一致赞誉和感谢。

제 5 절

숭고한 영광

　　조선전쟁 기간에 중국 국민들은 군사적 , 경제적으로 사심 없이 도움을 주면서 숭고한 국제주의 정신을 구현했고 , 조선의 지도자와 국민 모두에게 찬사와 감사를 받았다 .

Section V

Noble Honor

The selfless military and economic assistance of the Chinese people to North Korea during the Korean Civil War not only reflected the lofty spirit of internationalism, but also received unanimous praise and gratitude from both Head of the State and the common people of the North Korea.

来自朝鲜内阁副首相的感谢信

尺寸：1. 纵 25.8 厘米，横 17.5 厘米
　　　2. 纵 29.5 厘米，横 21 厘米
　　　3. 纵 25 厘米，横 35.8 厘米

　　时任朝鲜内阁副首相兼见龙及慈山水库被害非常救济委员会委员长崔昌益，在 1953 年 7 月 6 日专门给第五团写了感谢信，对慰问团"来朝慰问和鼓励朝鲜人民和伟大的中国人民志愿军指战员及朝鲜人民军指战员，表示衷心的感谢"。在信中，他还特别感谢了慰问团用节约出的 200 斤粮食和 81 万元人民币（旧币），捐助朝鲜当地因美军空袭受灾的群众。

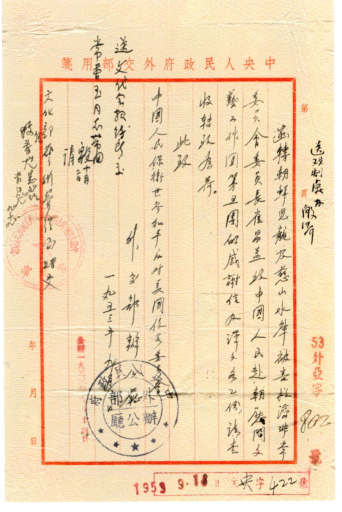

감 사 문

중국인민 위문위문 문예공작단 제5단

단　　　장　송기명

부 단 장　상향옥 외 원동

소 년 대 표　유송금

인류의 공통적 원쑤인 미 영 무력 침략자들을 반대하는 가열한
피의 투쟁을 진행하고있는 우리조선인민들에게 모택동 주석과 중국인민들
은 인민지원군을 파견하여 직접 피로써 도와줄뿐만 아니라 항상 높은 탕
련으로되는 원호와 원조를 계속주어 왔습니다

또한 급번 조선인민들과 위대한 중국인민지원군장병 및 조선인민군
장병들을 위문 격려하기위하여 래조한 당신들에게 우리는 별별한 축하
와 감사를 보내는 바입니다

특히 미제 발장도들이 정전과 하등관계도없는 우리나라의 평화적 시
설인 건룡및 자산 저수지에대한 야만적 파괴도 말미암아 피해당한 업재민
들을 원호하기위하여 당신들이 공작동에 현약한 량식 200근과 급품 81
만원(중국화폐)을 성심 성의도 보내주신태태하여 나는 업체 재난민은 업
재민들과 피해 비상 구호위원회를 대표하여 당신들에게 심심한 감사를 드
리며 당신들의 정성어린 이 위문 급품은 수해민은 업재민들에게 있어서
미제를 반대하는 투쟁과 피해 복구를위한 투쟁에 큰 고무 격려가 되리
라고 확신합니다

건룡 및 자산 저수지 피해비상 구호위원회 위원장

내각 부수상　최　창　익

1953년 7월 6일

평　양　시

感謝信

中國人民赴朝慰問文藝工作團第五團

團長 奇明 (譯音)
副團長 常香玉
兒童代表 劉鳳琴 (譯音)

陸軍

毛主席和中國人民對為反對人類的共同敵人美、英武裝侵略者而進行激烈的流血鬥爭的朝鮮人民，不僅派遣了人民志願軍給以血的援助，而且經常在物資和精神上給以援助。

我們對於您們這次來朝慰問和鼓勵朝鮮人民和偉大的中國人民志願軍指戰員及朝鮮人民軍指戰員，表示衷心的感謝。

特別是對於您們為了援助因美帝空中強盜野蠻破壞與戰爭毫無關係的我國和平設施見龍及慈山水庫而蒙受災害的戰災民，在工作中節約二百斤糧食，金品八十一萬元（中國貨幣）的誠意舉動，我代表全體受害災民及被害非常救濟委員會向您們致以懇切的感謝，並確信這些金品對受害的災民說來，將成為在反對美帝國主義的鬥爭中和恢復災情的鬥爭中的莫大的鼓勵。

見龍及慈山水庫被害非常救濟委員會委員長
內閣副首相 崔昌益

一九五三年七月六日本

3

朝鲜人民军赠送的中朝
亲善画框

尺寸：纵 47 厘米，横 39 厘米

朝鲜野战部队战士赠送的 "和平鸽" 布艺

尺寸：边长 28 厘米

朝鲜人民军赠送的锦旗

尺寸: 1. 纵 130 厘米,横 68 厘米
2. 纵 173 厘米,横 72 厘米

1

朝中亲善团结万岁

1953.11.21

朝鲜人民军第 9 师团近卫 86 连队赠呈

2

致中国人民抗美援朝西北总分会

中朝两国人民间用鲜血结成的永久不灭的亲善团结万岁！

1953 年 7 月 27 日，朝鲜停战协议正式签署，中国人民志愿军胜利地完成了祖国人民交付的"抗美援朝、保家卫国"的神圣使命，这是正义的胜利、和平的胜利、人民的胜利。这场战争的胜利，极大地提高了中国在国际上的威望，对中国，对朝鲜，对东方各国乃至整个世界都具有十分深远的历史意义。

第五单元

伟大胜利

제 5 부

위대한 승리

Chapter V

The Great Victory

1953년 7월 27일, 조선정전협정이 정식으로 채결되면서 중국인민지원군은 조국과 국민이 그들에게 맡긴 '항미원조, 보가위국'이라는 신성한 사명을 승리로 완수하였다. 이는 정의의 승리이자 평화의 승리, 국민의 승리이다. 이 전쟁의 승리는 중국의 국제적인 명망을 크게 높였으며 중국, 조선, 동양 각국, 더 나아가 전세계에 매우 깊은 역사적 의의를 가지고 있다.

On July 27, 1953, the Korean Armistice Agreement was officially signed, and the Chinese People's Volunteers Army successfully completed the sacred mission of "resisting U.S. aggression, aiding North Korea, and defending the country" entrusted by the people of the motherland. This is a victory for justice, a victory for peace, and a victory of the people. The victory of this war has greatly enhanced China's international prestige, and it has far-reaching historical significance to China, North Korea, Eastern countries and even the whole world.

胜利的功勋

英雄的中国人民志愿军同朝鲜军民一起，历经两年零九个月舍生忘死的浴血奋战，最终赢得了抗美援朝战争的伟大胜利。

제 1 절

승리의 공훈

영웅적인 중국인민지원군은 조선의 군인, 국민과 함께 2년 9개월 동안 목숨 바쳐 피 어린 분투를 한 끝에 항미원조전쟁에서 위대한 승리를 거두었다.

Section I

Outstandingly Meritorious Deeds

The heroic Chinese People's Volunteer Army, together with the Korean military and civilians, has fought tirelessly for two years and nine months, ultimately winning the great victory of this war of resisting U.S. aggressors and aiding North Korea.

击落四架美军战斗机的 37mm 高射炮弹壳（附信）

尺寸：炮弹壳高 25 厘米，口径 3.7 厘米，底径 5 厘米
信芯纵 17.5 厘米，横 25.5 厘米

1950 年 10 月 23 日中国人民解放军防空司令部成立，随即加入志愿军行列。在抗美援朝战争期间，防空部队先后以 21 个高炮团外加 10 个高炮营，与志愿军空军和野战高炮部队一起抗击美军的空中轰炸。高炮部队采用"重点保卫、高度机动"的作战方法，击落击损大量敌机。

亲爱的毛主席……

　　在一九五三年，我們响应党的号召，認識到，敌人有局部登陸的可能，我們在各種環境下，鍛練我們、提高我們技術。在祖國人民，不斷的現懷和鼓舞下，在荳也就美帝國主義，在北朝鮮和平城市、使他破産的空中慢式飛機，對朝鮮和平城市，濫施轟炸，使朝鮮好居民，無家可歸，使我們全班全志，急怒的火骸，燃燒狂胸膛，因此在三年内，大家同志下了決心 研究了高砲的原理，結果在少量時期内，提高了我們打飛機本領。我們曾經用少數砲彈，擊落敌人飛機。

　　我們在四月十八日、十二点鐘左右，发現了敌人噴氣式的飛機，向我們目標；偷襲，結果在復仇的怒火、燃燒下、頭一架飛机往下俯衝，我們发出三發砲彈，命重敌机復部，當時逐裝扵二千公尺处第二架飛機，一看頭架我机重彈落地，想要扮轉機身逃命，結果被我們一個追射、敌機重彈、在二千公尺外、墜裝！

　　雖然这样，我們在現用基礎上、不驕不傲。继续提高技行，争取在五三内，我們一個班、要擊落敌機十架 報答祖國人民

我們的関怀、和希望，我們同志五三年内、錯敌人飛机、在国慶節 你的報禮……以上是我們全班全志的決心……

此致　敬礼

高射中队第二分隊砲二班全……

全体同志

朝鲜人民军第三一九部队赠送的"胜利"牌匾

尺寸：纵 28 厘米，横 49 厘米

朝鲜人民军第四五五部队三大队
七中队赠送的"天安门"画框

尺寸：纵 50 厘米，横 79 厘米

朝鲜人民军第三一九部队
《胜利的记录》剪贴本

尺寸：纵 37.5 厘米，横 27 厘米

　　朝鲜人民军第三一九部队制作的赠送给第三届中国人民赴朝慰问团的纪念册，从部队的建制到所参与的重要战役取得的成绩，逐一进行了介绍。

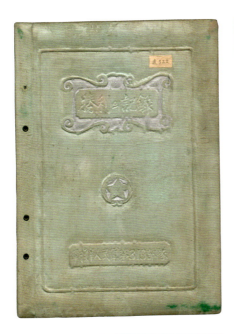

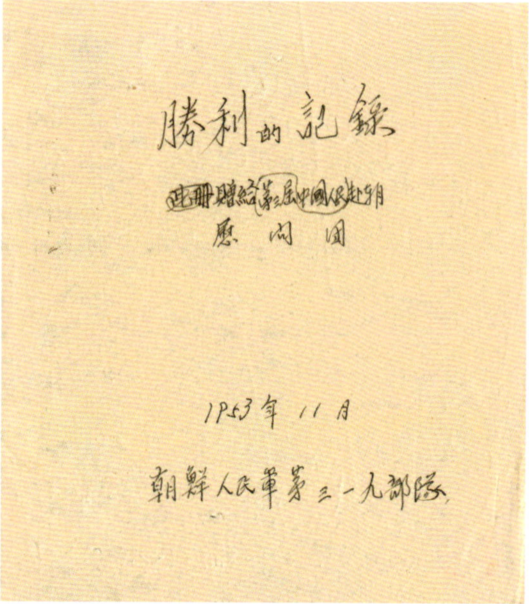

勝利的記錄

中国人民赴朝
願问团

1953年11月

朝鲜人民军第三一九部队

一、部队创建

勝利의記錄
（部队历史）
朝鲜人民军第三一九部队
1953年11月15日
作者　卫士　郑其　温一勋
　　　中士　　　珊淳　裕根
　　　中士　张朴　明德
　　　战士　　　盆

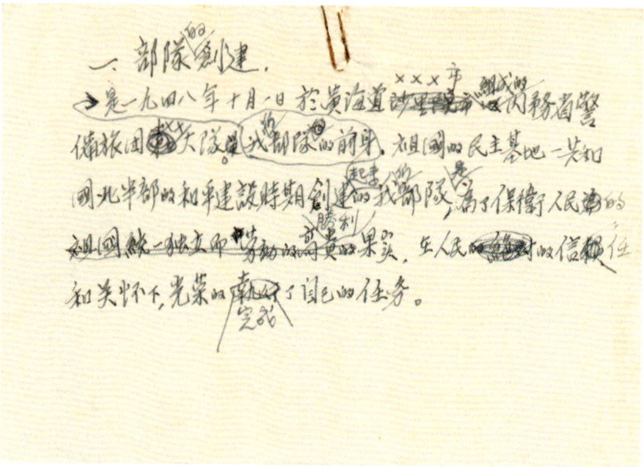

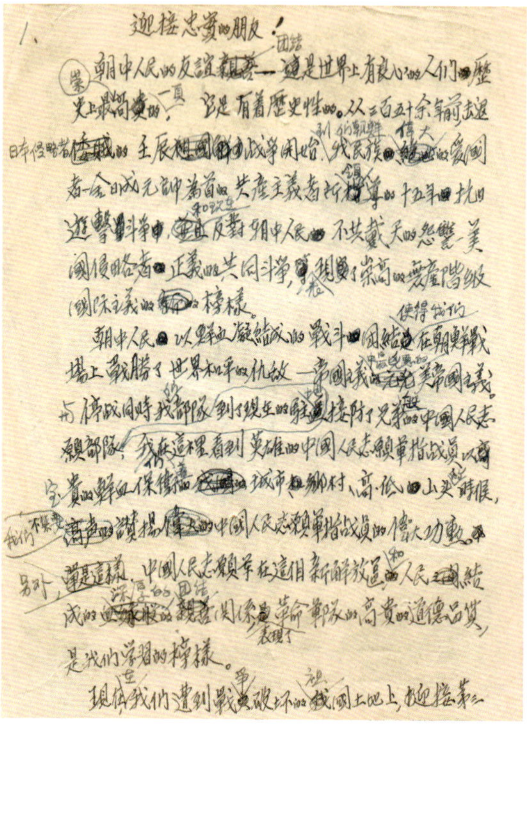

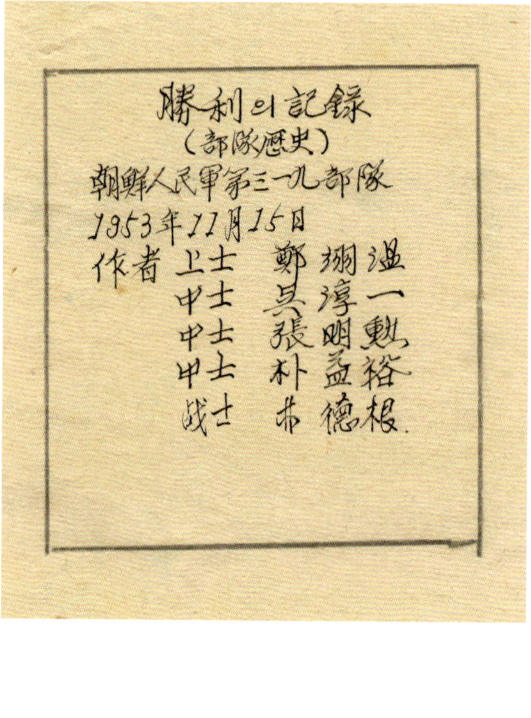

朝鲜人民军第三一九部队
《英雄金玉根战斗实记》

尺寸：纵 26.8 厘米，横 19 厘米

　　金玉根是英雄金昌杰小队一分队的队长，在残酷、艰辛的战斗中受到了锻炼，逐渐成长，在夺回 864 高地的战斗中，用身体堵住了敌人的重机枪火力点。

朴锡奉出生在平安南道重华郡泰岘面新正里的一个极其贫苦的农民家庭，怀着无比的热情参加了共产青年同盟，入伍之后通过努力成为一名优秀的轻机枪手，在战斗中获得了多枚战士荣誉勋章，从一名轻机射手一跃成为小队长，立下赫赫战功。他的小队成为"老虎小队"，名声大噪。在夺取 899.4 高地的战斗中，他冲上前，用自己的身体挡住了敌人的枪口。

朝鲜人民军第三一九部队
《英雄朴锡奉战斗实记》

尺寸：纵 29.5 厘米，横 20 厘米

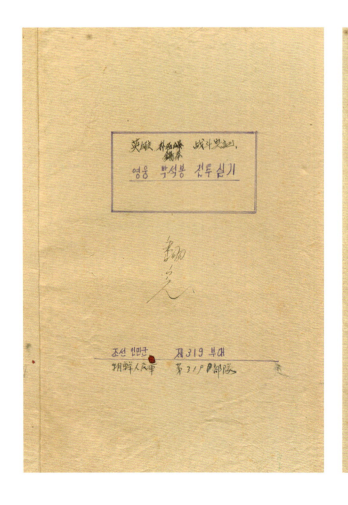

朝鲜人民军第九步兵师团
《351 高地战斗经验集》

尺寸：单面纵 27.3 厘米，横 19.7 厘米

笔记记录了朝鲜人民军第九步兵师团在 1952 年与韩军在今朝鲜城市高城郡西南五公里的月比山和附近的次峰 351 高地进行的多达几十次的争夺战，详细描述了朝鲜人民军组织的猎手小组机动灵活地在前沿阵地进行的狙击和突袭活动，特别记录了八十六步兵连队在 351 高地与韩军的多次交锋以及取得的显赫战功。

资料内容为 1952 年至 1953 年朝鲜人民军二十一旅团步兵一大队在朝鲜黄海道西南部海岸进行防御作战的综合战果总结报告。报告记录了部队在多次的残酷战争中不断成熟壮大的经历以及所涌现出的战斗英烈和战斗模范。

朝鲜人民军二十一旅团步兵一大队战果、战斗模范等材料

尺寸：单面纵 28 厘米，横 20 厘米

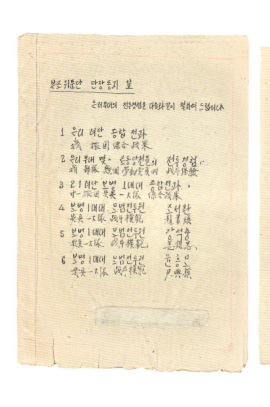

《人民军英雄记》手稿册

尺寸：纵 26 厘米，横 20 厘米

　　手稿册记录了朝鲜人民军的 18 位战斗英雄，其中金昌杰与金玉均两位英雄的事迹广为流传。两位年轻战士同属第二军团三十一步兵四十八联队的同一个大队，分别为小队长和分队长。1950 年 12 月 25 日，在进攻 662.6 高地的战斗中，为了阻断敌人的火力点，保证战友顺利前进，金昌杰毅然用自己年轻的身躯堵住了正在扫射的火力点。在后面的战斗中，金玉均也以同样的方式为部队的进攻献出了自己的生命。1951 年 2 月 13 日，朝鲜民主主义人民共和国最高人民会议授予他们"共和国英雄"的称号。这 18 位英雄均来自朝鲜普通的农民家庭，其中的 15 位在对敌作战中献出了自己的生命，成为朝鲜人民心目中永远的英雄。

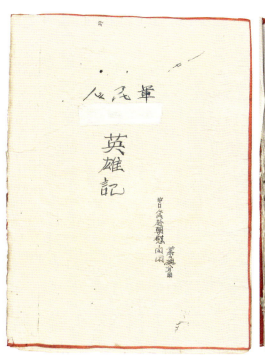
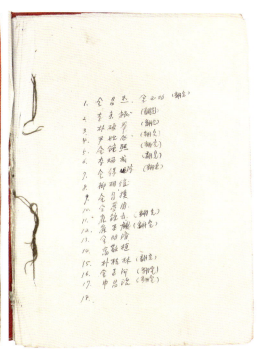

两位英勇的重机枪手

尺寸：纵 27 厘米，横 44 厘米

尚俊（音译）

尹始凤（音译）

黄海道瓮津郡人民在战争
期间的斗争情况

尺寸：纵 17.4 厘米，横 25.5 厘米

调查人员刘东信（音译）受（朝鲜）祖国统一民主主义战线海州市委员会的委托，于 1951 年 1 月 14 日至 1951 年 5 月 15 日在南延白郡对侵略军暴行进行调查取证。调查对象包括证人、周围居民、避难返回群众及直接遭受过侵略军暴行的群众，从多角度对证人及证词进行问询和调查。部分间谍恐怖分子在被逮捕或自首后也对侵略军及本人所犯的罪行进行了陈述。

美、英侵占地带的人民生活及投降分子对美、英侵略军暴行的口供材料

尺寸：纵 22.5 厘米，横 16.8 厘米

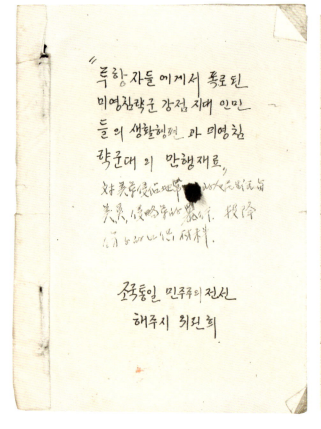

龙潭浦事件见证人的口述材料

尺寸：纵 44 厘米，横 27 厘米

美帝侵略军在强占海州市的 2 个月期间，在龙潭浦所实施罪行的材料，证实了美帝侵略军的"屠杀群众政策及具体方法"，证实了他们在修道山和海上枪杀、淹死、烧死男女老幼，强奸、轮奸年轻女性，受害人共计 4000 余名。

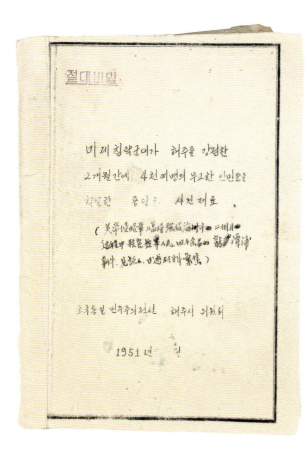

朝鲜人民军第三二一部队赠送的纪念册

尺寸：单面纵 11.4 厘米，横 7.7 厘米

参战

　　敌人在朝鲜战争中被朝鲜人民军重创后，动员了庞大的武装力量潜入鸭绿江和豆满江（图们江）一带。4 亿 7000 万伟大的邻国兄弟们，为了帮助朝鲜保卫自己的国家，于 1950 年 10 月 25 日奋起反抗美帝侵略者。

大宁江铁桥修复通车

大宁江铁桥通过中国人民志愿军铁道兵的努力，于 10 月 27 日恢复通车。大宁江（铁桥）是（朝鲜）共和国北方的三大铁桥之一，也是京义线上的一座大铁桥。

敌人从战争初始就动用了 1500 余架战机对大宁江铁桥投下了 4500 多发炮弹，铁桥被残暴地摧毁。为了修复大桥，志愿军同志们通过创造性的努力，将原计划 11 月 20 日截止的修复工作提前完成。

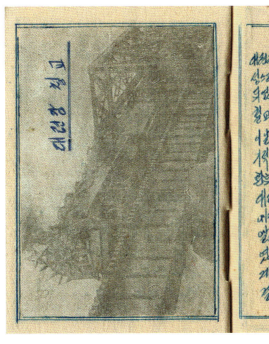

胜利的见证

　　志愿军战士们把战场上缴获的战利品送给慰问团，它们既见证了战场上无情的炮火，也承载着胜利的喜悦。

제 2 절

승리의 증거

　　지원군 병사들은 노획한 적군의 전리품을 위문단에 보냈는데, 그 전리품들은 잔혹한 전쟁의 포화를 입증할 뿐만 아니라 승리의 기쁨도 담고 있다.

Section II

Witness of the Victory

The Chinese volunteer soldiers gave as gifts their war trophies to artists of the fifth troupe. They are both the witness of the merciless of the war and the joy of the victory.

缴获的美军大型降落伞

尺寸：展开纵 1230 厘米，横 390 厘米

美国飞行员的四国语言救命书

尺寸：纵 28.5 厘米，横 23 厘米

蝴蝶弹壳

尺寸：高8.5厘米，径8.5厘米

美军在针对志愿军后勤补给发动的绞杀战中，大量使用这种炸弹以阻断我军的供给线。

缴获的美军钢盔

尺寸：1. 长 27 厘米，宽 21.5 厘米，高 18 厘米
　　　2. 长 28 厘米，宽 23.5 厘米，高 19 厘米

1

2

缴获的美军帽子

尺寸：高 12 厘米，帽檐直径 32 厘米

缴获的美军防毒面具

尺寸：高 21 厘米

缴获的美军护眼罩

尺寸：纵 8.5 厘米，横 13 厘米

缴获的美军眼镜

尺寸：纵 4.5 厘米，横 13 厘米

缴获的美军防弹衣

尺寸：长60厘米

缴获的美军避弹衣合金片及用防弹衣布制作的布袋

尺寸：布袋纵 17 厘米，横 12.5 厘米

合金片纵 12—17 厘米，横 6—9 厘米

缴获的美军照相机

尺寸：1.长 10.2 厘米，宽 4 厘米，高 8 厘米
　　　2.长 10.5 厘米，宽 6 厘米，高 9 厘米

　　1.美国布鲁克林美国白宫生产制造公司制造的黑胶木旁轴相机，品牌型号为 Beacon Ⅱ。

　　2.日本东亚光机公司生产的金属旁轴相机，带有棕色皮套，品牌型号为 GELTO- D Ⅲ。

1

2

缴获的美军铝饭盒、水杯、水壶及护套

尺寸：1. 长 14 厘米，宽 8.3 厘米，高 10 厘米
　　　2. 长 21 厘米，宽 17.5 厘米
　　　3. 高 22 厘米，底径 16 厘米

1

2

3

缴获的美军小钢刀

尺寸：长 18 厘米

缴获的美军机枪子弹盒

尺寸：长28.5厘米，宽9厘米，高18.5厘米

250 CAL. .30
LINKED 4AP M2 1TR M1
RPKD. LOT-SOD L-88227

缴获的美军机动车辆急救箱

尺寸：长 23.5 厘米，宽 12 厘米，高 7.5 厘米

缴获的美军怀炉

尺寸：长9厘米，宽6厘米，高2厘米

缴获的美军鸭绒被

尺寸：展开长 205 厘米，宽 65 厘米

缴获的美军手套

尺寸：长 24 厘米，宽 12 厘米

缴获的美军胶靴

尺寸：长 31 厘米，高 29.5 厘米

第三节

胜利的联欢

  1954 年 4 月 8 日，由朝鲜社会各界组成的朝鲜人民访华代表团一行 251 人到达西安进行访问演出。这是战火洗礼之后的欢聚，两国人民共同纪念这来之不易的胜利与和平。

제 3 절

승리의 뒤풀이

  1954 년 4 월 8 일，조선의 사회 각계 인사로 구성된 조선인민방중대표단 일행 251 명이 서안 (西安) 에 도착하여 방문 공연을 펼쳤다 . 이는 전화 (戰火) 의 세례를 겪은 후의 즐거운 모임으로써 양국의 국민이 소중한 승리와 평화를 공동으로 기념했다 .

Section III

A Get-together to Celebrate the Victory

  On April 8, 1954, a delegation of 251 members from various sectors of North Korean arrived in Xi'an for friendship visit and performance. This post-war happy gathering marks the two people's joint commemoration of the hard-earned victory and peace.

《欢迎朝鲜访华代表团》
剪贴本

尺寸：纵31厘米，横43厘米

西安各界人民积极准备
迎接朝鲜人民访华代表团

朝鮮人民訪華代表團
昨天到達西安
在車站舉行盛大歡迎會

西安市各界人民在车站热烈欢迎朝鲜人民访华代表团。　丁一摄

朝鮮人民訪華代表團
藝術團演出速寫
石魯作

歡迎朝鮮人民訪華代表團

迎春舞

聽琴知心

朝鮮人民訪華代表團
金應基團長等昨天參觀六零三廠

【本報訊】四月十三日下午，朝鮮人民訪華代表團團長金應基、副團長金達鉉及部分團員等十八人，在西北抗美援朝總分會副主席李敷仁等陪同下，參觀了六零三廠，並遊覽了大雁塔和滻灞公園。

貴賓們抵達六零三廠時，受到該廠全體職工的熱烈歡迎。該廠副廠長李漢珠向貴賓們介紹該廠生產情況後，即引導貴賓們至全廠參觀。各車間工人以無比興奮的心情迎接英雄的朝鮮人民的使者光臨。幾天以前，全廠職工就已開始了愛國主義競賽，組工人還訂出計劃，保證節約用料，提高工作質量，以迎接「五一」節和朝鮮貴賓。貴賓參觀各車間時，看到各種機械化生產的設備和工人們緊張勞動的熱情，讚揚不已。金應基團長表示寒將金達鉉和貴賓們對英雄的朝鮮人民的敬愛，並讚揚我國建設古代建築物的宏偉。貴賓們遊覽了大雁塔和滻灞公園後，即赴蓮湖公園遊覽。

金應基團長在遊覽大雁塔時，對我國歷史博物館所陳列的遊覽史蹟頗感興趣，傳達給朝鮮人民。上的成就。

朝鮮人民訪華代表團離西安赴蘭

【本報訊】以金應基團長為首的朝鮮人民訪華代表團部分團員，隨同的兩個藝術組，在西安訪問六天後，由西北行政委員會，中國人民第三屆赴朝慰問團第三總分會朝鮮停戰談判談判代表團第五，已於四月十四日上午八時離開西安赴蘭州訪問。

前往車站歡送的有西北美援朝分會主席馬文瑞，各界人民第一等功臣劉華山，中國人民志願軍一等功臣，二級戰鬥英雄蔡金同等，西北各省市人民政府主席、各界首長，西安市人民也提來歡送。從貴賓的住所到車站約兩華里的路上擠滿了歡萬歡送的群眾。

貴賓們在西安停留的六天內，通過訪問、座談、演出等各種活動，和各族各界六萬多人見了面。他們訪問各地愛國主義的志願軍休養員及烈、軍屬，參觀了工廠，遊覽了西安附近的名勝古蹟，並接受了西北各族各界人民贈送的珍貴禮品。

金應基團長等臨登車時，貴賓們和歡送的人們都受到很大的感動。代表團的專車在歌聲四起、鮮花飛舞中徐徐開動，西安人民依依不捨地送別了朝鮮人民的使者。

榮幸的會談
中國人民志願軍休養員　汪光榮　口述

四月十一日下午，朝鮮人民訪華代表團來我們醫院進行慰問時，我以一個人民志願軍休養員代表的身份和金應基團長談了話，使我覺得非常榮幸。說句老實話，我先是心裏有很多話要說，可是等到從那裏回來卻一句也說不出來了，越談越高興啦！因為又通過了翻譯，我們可一越談越高興。

比我想到一九五一年五月份的那些日子，我們部隊剛進朝鮮不久，到二十里路長的公路上運輸。如果說艱苦，那時是最艱苦！記得我初步戰壕過了一天，老太太把自己吃的糧食給我們送到河邊橋頭來。

金應基團長說了點頭的苦！我們哪裏最苦？我們那時供應二十多次。當地的老百姓那一把到處給我們供應著，許多老老太太，老大嬸把自己吃的糧食給我們送到河邊橋頭來。

「志願軍！志願軍！」馬洞，得供應過許多。老太太都頭頂著黃土搶修公路。另外，大概是一九五二年春季五、六十歲的老太太，老大娘把自己吃的糧送給我們，有時還影響了部隊的供應，當我們在朝鮮一天要過許多河，當時想到的冒著敵炮轟擊炸彈的冒險修設工作。

一九五一年二月廿四日到五二年二月廿四日，部隊供給上，我們都斷了糧食。遠有在鳥蛋地地方。自己知在吃糧過野菜通月子一下：如果是糧斷了糧，就得靠著地那些老太大，就那一把到處給我們供應著，許多老老太太，老大嬸把自己吃的糧送給我們，有時還影響了部隊的供應。

幫助我們搶修醫院，離我們有兩個同志犧牲了，可是一作大約三百多，身份和金應基團長談了話，便覺得非常榮幸，因從那裏回來卻說起一句老實話，我先心裏有很多話要說，卻又通過了翻譯，我們可越談越高興啦！我們就把這當作朝鮮人民的夫，我們可以舉出很多的例子來。我覺得朝鮮人民要比我們還要親切。

翻譯同志給我們講的時候，金應基團長微笑的笑了。我們連忙都知道，而且知道講得很詳細，原來他處處是我們志願軍的情況。我們搶救一下子就下去，想到自己抗美援朝戰運動，參加到各種工作，不識字的。我每次看到朝鮮人民對我們的幫助，特別是那首長的情況，我為了工作，特別是那位金團長，而且也是工作的精神，談了我就說，我搶過什麼呢？可能是太高興了，弄得反而說面向他表示謝意呢？可能是太高興了，弄得反而說不出話來了。

金應基團長，在朝鮮對我們有過很多幫助，我比他搶救自己的傷員，面且知道更詳細的情況，原來他處處是我們志願軍的情況。

今天又來看了朝鮮人民的心意，叫我們怎樣休養並表示謝意呢？我要怎樣來表示謝意呢？我保證要更好好休養，並在不影響休養的情況下，努力學習，爭取早日恢復健康，積極支援朝鮮的和平，爭取早日談復健康，積極支援朝鮮人民和我們的工作，參加祖國建設工作，爭取早日實現朝鮮人民對我們的期望──和平！

（胡珠、張傑儀記）

朝鲜访华代表团在西安期间活动的照片

尺寸：纵24厘米，横30厘米

在金应基团长的率领下，朝鲜人民访华代表团一行251人于1954年4月8日上午抵达西安。图为中国人民抗美援朝总会西北总分会副主席柯仲平（前排左一）、中共中央西北局副书记马文瑞（前排右一）陪同金应基团长（前排中）走出西安车站

朝鲜人民访华代表团金应基团长在西安车站的欢迎会上讲话

1954年4月9日，朝鲜人民访华代表团全体人员到西北历史博物馆参观

朝鲜人民访华代表团金应基团长（左一）参观昭陵六骏

朝鲜人民访华代表团在王荟村慰问志愿军军属白贵兴

朝鲜国立艺术团剧场在西安各界欢迎会上演出舞蹈
《蔷薇》

1954年4月9日，时任中共中央西北局、西北军政
委员会及陕西省、西安市党政首长会见朝鲜人民访
华代表团金应基团长及部分代表

中国人民抗美援朝总会西北总分会副主席柯仲平（右）
与朝鲜人民访华代表团金应基团长（左）干杯

结语

本展览以中国人民赴朝慰问团的视角展开，讲述了朝鲜战争时期，西北人民在抗美援朝运动中所做的贡献以及对前线将士的全力支持。抗美援朝战争激发了全国人民的爱国热情，抗美援朝战争的胜利是万众一心、团结一致取得的伟大胜利，是全国各族人民共同谱写的壮丽凯歌。

鉴往事，知来者。习近平总书记指出："抗美援朝战争锻造形成的伟大抗美援朝精神，是弥足珍贵的精神财富，必将激励中国人民和中华民族克服一切艰难险阻、战胜一切强大敌人。"从历史走向未来，从胜利走向胜利，经历抗美援朝战火洗礼的中国，正意气风发地行进在实现中华民族伟大复兴中国梦的新征程上。

맺음말

본 전시회는 부조위문단의 시각으로 전개하여 조선전쟁 시기에 서북 지방 사람들의 항미원조운동에서의 기여와 전방 장병들에 대해 전폭적인 지지를 보냈던 이야기를 담았다. 항미원조전쟁은 중국 국민의 애국 열정을 불러일으켰으며, 이 전쟁의 승리는 전 국민이 일심동체로 이룩한 위대한 승리이자 전국 여러 민족 인민들이 함께 쓴 웅장하고도 화려한 승전가이다.

지난 일을 거울삼아 오늘을 알게 된다. 습근평 총서기는 "항미원조전쟁에서 형성된 위대한 항미원조정신은 매우 소중한 정신적 자산으로, 기필코 중국 인민과 중화민족이 모든 어려움과 난관을 극복하고 모든 강대한 적을 이겨낼 수 있도록 격려할 것이다."라고 말했다. 역사에서 미래로, 승리에서 또 다른 승리로, 항미원조전쟁이라는 전쟁의 불길 세례를 겪은 중국은 중화민족의 위대한 부흥이라는 중국의 꿈을 실현하는 새로운 여정을 향해 의기양양하게 전진하고 있다.

CONCLUSION

This exhibition unfolds, from the perspective of the Chinese Consolation Group to North Korea, the contributions made by the Northwestern Chinese people to the "War to Resist U.S. Aggression and Aid North Korea" and their full support to the Chinese volunteer combatants fighting at the frontline. This resistance war against U.S. aggression to North Korea has greatly aroused the patriotism of all Chinese people national-wide. Victory of the war is made through the great unity and consolidation of all Chinese people. It is also a glorious anthem composed jointly by all the ethnic groups of China.

Learning history makes the best knowledge of future. As is pointed out by the General Secretary Xi Jinping that "the great fighting spirit forged during the War to Resist U.S. Aggression and Aid North Korea is a priceless spiritual treasure. It will definitely inspire all the Chinese people and the Chinese nation to conquer any hardship and difficulties ahead and to defeat any enemy regardless how strong it is." From history to the future, winning victories one after another, China, after the bath of the gunfire of the War, is now forging ahead steadily and vigorously along its new march towards the Chinese dream of great rejuvenation of the Chinese nation.